ISBN 978-3-00-060425-6
Erste Auflage im Herbst 2018
© 2018 Alfons Kreuzer, 63776 Mömbris
www.babbelned.de

Umschlagbild außen: Robert Kneschke/Fotolia
Umschlagbild innen: Harald Hufgard
Grafik, Satz und Rezeptbild: Alfons Kreuzer
Gesamtherstellung: HV Druck Chemnitz

Das verwendete Papier ist FSC zertifiziert
und entspricht den WWF Standards
für eine nachhaltige Papierherstellung.

**FOREST
STEWARDSHIP
FSC COUNCIL**

Hochdeutsch

sind gesägte Bretter

Mundart

ist der Wald im Saft

Hermann Burte

Deutscher Dichter und Maler
1879 - 1960

Alfons Kreuzer

babbel ned

Wie normale Leut
zwischen Main und
Spessart quassele

Mit einem Vorwort
von Norbert Meidhof

Inhalt.

Vorwort.

In der dritten Klasse Gymnasium, also ungefähr mit zwölf Jahren, hat man mich in die Baracken der Großmutterwiese verfrachtet. Und dort in der letzten Reihe, wo die Esel oder die ganz Coolen sitzen: ein Bub, der trommelt. Also mit Bleistift, Kugelschreiber, mit Lineal, Zirkel, Geodreieck, was grad da ist, manchmal nur mit den Händen, trommelt der auf seinem Tisch herum.

Einmal ließ unser Musiklehrer Kern von den Schülerinnen und Schülern ihre Musikinstrumente mitbringen und vorspielen. Da kamen Gitarren, Flöten, ein Akkordeon, eine Melodica, sogar eine Posaune, eine Zither. Und der Alfons Kreuzer schleppte sein ganzes Schlagzeug durch die Tür! Es war eine Sensation. Sein Solo hörte nicht mehr auf. Wie ein Besessener hat er sich in einen Trommelrausch hineingesteigert, Lehrer und Schüler aus anderen Klassen rannten herbei, Schülerinnen feuerten ihn an, haben vor Lust gegillert, überwältigt von dieser fast übermenschlichen Ekstase, dieser Epiphanie, ja Apotheose. Für mich war dieser Auftritt der Höhepunkt des Schuljahres.

Irgendwo steht in dem Buch, dass ich Messdiener war. Das stimmt. Aber dass er bei mir einen Heiligenschein gesehen haben will – nur weil ich nicht durchgehend geschwätzt habe wie er - dürfte an seinem eigenen Obermessdieneramt gelegen haben. Und an der Tatsache, dass Alfons unbedingt Pfarrer werden wollte. Ein ganz moderner, einer der alles anders machen wollte, eine Art katholischer Che Guevara. Das hing er auch gern an die große Glocke. In Latein war er zwar nicht gerade der Klassenprimus. Aber ich schätze, dass er in Religion immer einen Einser hatte.

Ich hab erst wieder von Alfons Kreuzer gehört, als vor drei Jahren sein Buch vom guten Essen erschien, das auch ein Buch vom guten Leben ist. Und jetzt dieses Werk, das Sie grad in Ihren Händen halten: Babbel ned. Lesen Sie gleich mal den letzten Absatz auf Seite 48, dann gewinnen Sie. Einen guten Eindruck. Sie gewinnen auf jeden Fall. Denn Sie erleben, was so alles über die heimatliche Zunge getrieben wird.

Für mich ist jede Seite eine einzige Freud. Begeistert blätter ich hin und her, so ist es mit all den Querverweisen, den ganz natürlichen Wortverflechtungen auch gedacht. Bei tausendfünfhundert Begriffen ist es unerschöpflich, immer wieder neu. «Also da könne Se mittedrin anfange, nach vorne, nach hinne, nach owwe, nach unne, es hört un hört ned uff».

Bei jedem Wort kommen eigene Erinnerungen, wer das Buch liest, schreibt im Kopf an dem Buch weiter, das ist doch wunderbar. Ist jemand in der Nähe, les ich laut daraus vor und stell mir das in anderen Häusern auch vor, hör es aus Waldaschaff, aus Grünmorsbach und Kahl, aus Frohnhofen, Heiligenbrücken und Seligenstadt, aus Dieburg, Hanau und Klingenberg klingen, das Geschnatter unserer Heimat.

Alfons Kreuzer porträtiert uns den grenzgängerischen Mensch am bayrischen Untermain. Ein Lebewesen, im Wasser des Mains getauft, mit kratzbürstigem Charakter, mit Humor, Selbstbewusstsein, Temperament und Gefühl. Deftige Schwadroneure sind die Leute hier und voller poetischer Kraft. Was aus diesem Buch herausbabbelt, ist die Seele der Hessebayern, die dem Dialekt der Frankenapostel trotzen. Hier wird die Welt zum Klang - und der Alfons trommelt den Rhythmus dazu.

Norbert Meidhof
September 2018

Grenzwertig.

Lassen Sie uns gleich am Anfang die Grenzen abstecken. Sprachgrenzen, Gemarkungsgrenzen, Landesgrenzen, Ortsgrenzen, Geschmacksgrenzen, Anstandsgrenzen und Wissensgrenzen. Später beißen wir auch noch in die *Abbelgrenze*.

Wir beginnen die verbale Einhausung am besten mit unserer Dialekt-Landkarte. Öffnen Sie dazu den vorne eingeklappten Buchumschlag. Wir sehen, die Gegend, in der dieses Wörterbuch zu Hause ist, liegt zwar nicht ausschließlich, aber doch überwiegend in Bayern. In Bayern ganz oben, um es korrekt zu kartografieren. Und ein bisschen in Hessen.

Nehmen wir mal an, das weißblaue Bayernland wäre ein leeres Blatt Papier, auf dem wir einen Aufsatz über das Reich der Bavaria schreiben wollen. Wir müssten oben links, mit meinem Geburtsort Kahl am Main anfangen. Wir schreiben schließlich von oben nach unten und von links nach rechts. Nur Kahl grenzt im Norden und im Westen an Hessen und wäre damit in unserem weißblauen Aufsatz die bayerische Initiale, der große Buchstabe, mit dem alles beginnt. Auf die großkopferte Hauptstadt München schaut man von hier aus gern selbstgefällig hinab.

Blöd ist nur, dass in Kahl mit 102,3 Metern über dem Meeresspiegel, der tiefste Punkt Bayerns erreicht wird. Zur Erinnerung, dass man nicht mehr tiefer sinken kann, haben die Kahler dafür eigens eine Gedenkstele aufgestellt. Doch auch das war noch nicht genug. 2018 entdeckte der Bürgermeister im Wald hinter dem Schloss Emmrichshofen auch noch den niedrigsten Berg Bayerns. Der Zweitausender heißt Birkenkopf und erhebt sich zwischen jungen Buchen und schlanken Kiefern in der Nähe der Autobahn.

Ja, es sind tatsächlich ungeheure zweitausend Millimeter, die hier alpinistisch zu bezwingen sind. Die kletterfreudige evangelische Jugend hat sofort gelobt, demnächst ein angemessenes Gipfelkreuz aufzustellen. Sensation genug? Für den Bayerischen Rundfunk schon. Denn für die Sendung «Heimat der Rekorde» fuhr der Ü-Wagen mitten hinein ins Unterholz. Sagen wir es mit den Worten des Kabarettisten Helmut Schleich: «Es ist eben alles eine Frage der Perspektive». Ganz oben oder ganz unten, alles ist relativ.

Aber um Kahl geht es in diesem Buch garnicht, zumindest nicht exklusiv, auch wenn mein sprachkundlicher Rundgang hier anfängt. Das vorliegende Wörterbuch streunert am gesamten Untermain entlang, in den Kahlgrund und auch noch ein gutes Stück weit in den westlichen Spessart hinein. *Un äwe bis niwwer nåch Hesse.*

Durchreisende, die in der Erwartung eines immerwährenden Oktoberfestes den Menschen unserer Gegend zuhören, verlieren hier allerdings schnell die Orientierung. Denn genausowenig wie wir mit feschem Gamsbart am Hut oder im vollbusigen Dirndl herumlaufen (Stoibers Lederhosen-Laptops sind natürlich schon allgegenwärtig), so wenig ist in unserem Dialekt ein bayerischer, und noch nicht mal ein fränkischer Akzent zu erkennen. Im Gegenteil. Hier *babbele die Leut* schon immer eher hessisch. Deswegen ist eine der häufigsten Fragen, die der Fremdling stellt: *Ach des is schon Bayern? Isch hätt gewett, mir wärn noch in Hesse.*

Bayernstolz im Keller

Das ist auch nachvollziehbar. Denn wer über die A45 nach Bayern einreist, sieht seit Jahren keine «Freistaat Bayern» Tafel mehr am Straßenrand. Das war zunächst noch anders. Aber schon das erste Riesenschild hielt nur kurz durch. Bei Nacht und Nebel wurde es abgesägt und ist wohl in irgend einem Partykeller profaniert worden. Das nächste auch. Das übernächste auch. Und das überübernächste ebenfalls. Danach wurde es der bayerischen Autobahndirektion zu bunt, vor allem wurde es zu teuer. Also bleibt die Grenze seither ohne ein bayerisches Löwenwappen. Das Hessenschild gegenüber will übrigens keiner. Das steht wie eine Eins.

Man ist schon ziemlich speziell, hier oben links, am äußersten Zipfel und Eingangstor zum Bayernparadies. Denn hier versteht man sich auch nur sehr bedingt als Franke, so wie der Franke als solcher, nur sehr ungern ein Bayer sein möchte. Wobei, ein Franke zu sein ist schon irgendwie geil. Die Sprachwurzel «Franke» bedeutet schließlich «der Mutige, der Kühne». Das passt doch. *Frank un frei, wolle mer seu.*

Jetzt verstehen wir auch, warum die selbsternannten *richtigen Bayern*, also die Seehofers, Sträuße, Stoibers usw., es gar nicht gern sehen, wenn so ein frank und freier Franke, den Königsthron des Ministerpräsidenten anpeilt. Wir haben das Gezerre ja erlebt, als sich Söder anschickte, den Posten zu erobern. Amtsinhaber Seehofer ließ mitteilen, dass der kleine Markus vom Ehrgeiz zerfressen sei, charakterliche Schwächen habe und zu *Schmutzeleien* neige.

Nur einer aus dieser Ober- Bayernriege, konnte im hohen Alter bekehrt werden. Alfons Goppel, Ministerpräsident von 1962 bis 1978. Franken sehen und sterben. So gebrieft zog es ihn in den Norden, wo er am Heiligen Abend 1991 auf der Johannesberger Höhe die Augen schloss.

Autonome Westzone

Würde man im bayerischen Freistaat, in einer überschwänglichen Salvator Bierlaune, jemals auf die Schnapsidee kommen, sich von Deutschland lossagen zu wollen, dann würde das nur mit einer gleichzeitig eingerichteten fränkischen Autonomie funktionieren. Denn eingefleischte Franken stören sich bereits an der hoheitlichen Firmierung *Freistaat Bayern*. Revoluzzerisch kritzeln sie *Lieber frei statt Bayern* auf ihren weiß-rot gezinkten Franken-Wimpel.

Wie in Südtirol könnte es vielleicht laufen. Allerdings mit erheblichen Extra-Rechten für die Menschen am bayerischen Untermain und nur mit offener Grenze nach Hessen.

Genau um diese Leute und um deren loses Mundwerk geht es in diesem Buch.

Die verstädterten Hessen-Nachbarn lieben das nordwestliche Bayernland übrigens von ganzem Herzen. Besonders die älteren Herrschaften aus Hanau und Offenbach, die am Wochenende in endlosen Pilgerzügen in den Kahlgrund ausschwärmen, wie die Hummeln im Mai. Die schöne Landschaft, die deftige *Hausmacher Worscht,* der spritzige *Kahlgrünner Äppelwoi* und die vielen Schnäpse, wenn jährlich aufs neue *der Kahlgrund brennt.* Das alles schmeckt an der frischen Luft rund um den Hahnenkamm vorzüglich.

Wackeldackel in der Kurve

Um dem tief eingeprägten Klischee auch hier zu huldigen: Natürlich ist man mit dreißig Sachen gemächlich im Opel unterwegs. Ein zerknautschter Försterhut auf dem Kopf, Wackeldackel und bunt umstrickte Klorolle auf der hinteren Ablage. Mit *drei Äbbelwoi* und *zwa Körze im Kopp* kann niemand verlangen, dass man die unfallträchtige *Hessekurve* zwischen Michelbach und Niedersteinbach mit schwindelerregenden vierzig Sachen nimmt.

Es gibt aber auch genussdurstige Biertrinker unter den Kahlgrundpilgern. Die müssen allerdings eine bittere Wahrheit schlucken. Denn *die Perle der Natur,* also das weltberühmte Krombacher Bier, kommt gar nicht aus unserem Krombach, obwohl dort am Kirchberg das Gasthaus «Alte Brauerei» etwas ganz anderes erhoffen lässt.

Zoggeln wir noch einmal kurz nach Kahl. Ist Ihnen auch schon aufgefallen, dass es amtlich «Kahl a. Main» geschrieben wird? Als Ureinwohner frage mich schon zeitlebens warum. So viel Stempelkissenfarbe und Schreibmaschinen Farbbänder kann der eine weggelassene Buchstabe doch gar nicht einsparen. Oder hat man sich an den zwei aufeinander folgenden mM's gestört, die man ja auch nicht spricht? *Kahlamain* – mag sein.

Ähnlich kurios erscheint mir übrigens auch die amtliche Schreibweise Alzenau/Ufr. Als ob es hunderte solcher Alzenaus in Mittel- und Oberfranken oder *weißgottwo* geben würde. Die *Bembel* erreicht Unterfranken laut Lautsprecheransage übrigens erst, wenn sie in den Alzenauer Hauptbahnhof einrollt: «Alzenau. Unterfranken. Ausstieg rechts». Hmmm, jetzt auch noch rechts!

Seis drum. Als gebürtiger Kahler kehre ich immer wieder gern an den Ort meiner Wiege zurück. Deshalb dürfen auch in diesem Buch ein paar possierliche Einblendungen aus meiner Alt-Heimat nicht fehlen. Denn die allerbesondersten Bayern sind nun einmal die *Kahlamainer Såndhåse*, weil sie schon immer die weißblaue Grenze des Weißwurstäquators sichern durften. Der Kahler Blick ist allerdings stramm nach Hessen gerichtet. Denn mit ihren Bayern-Nachbarn aus Alzenau und Großwelzheim sind sie nie so richtig warm geworden, man ist sich einfach nicht grün.

Bestes Beispiel: In den Fünfziger Jahren waren die Kahler noch überzeugt, dass man das damals eher bäuerlich anmutende Alzenau, deren Einwohner auch noch *Plasterschisser* hießen, am besten irgendwann einebnet und zum *Kahlamainer* Parkplatz aufwertet. Daraus ist bekanntlich nichts geworden. Dafür hat Alzenau heute drei Autobahnausfahrten. Mehr als *Aschebersch*. Und Kahl hat null.

Ob den Alzenauer Oberbürgermeister Doktor Legler heute ähnliche Fantasien umtreiben, wenn er an die Kahler denkt? Alexander der Große hat ja ständig so tolle Einfälle, wenn er sich die goldisch funkelnde Amtskette um den Hals hängt. Und seinen Herzensjob erlebt er bekanntlich wie ein fantastisches Gefängniskino mit Gartenschau drumherum.

Völlig anders läuft die grenzüberschreitende Völkerfreundschaft zwischen den bayerischen Kahlern und den hessischen *Klotzeboiern*. Die klappt tadellos. Im Kahler Waldseebad kann man sich sogar schwimmend ans hessische Ufer retten. Aber der bayerisch bezahlte Bademeister passt auf wie ein Schießhund. Wegen der Petri-Jünger, die am anderen Ufer ihre Hobby-Angelruten ins Wasser halten, ist das nämlich streng verboten. Da gibt es sofort einen *Achtung-Achtung* Anschiss per Lautsprecher. Im Sommerloch 2018 kursierte sogar das umgekehrte Gerücht: *Klotzeborsch* möchte sich via Eingemeindung nach Kahl retten, um der Vereinahmung durch den Hanauer OB zu entkommen. Oha!

Ein weiteres grenzgängerisches Spektakel lässt sich übrigens auch vom Halbkahler Hornsee berichten. An dessen Ufer stand früher das Café Neptun. Polizeitechnisch definiert war das eine Exklave. Die Polizeiinspektion in Kahl, die später über Nacht nach Alzenau verlegt wurde, übrigens ohne die Kahler auch nur zu fragen, war nicht zuständig. Das Neptun lag nämlich laut Landkarte in Hessen. Und die Hanauer *Polente* fuhr dort ebenfalls keine Streife, weil sie ja vorher über die bayerische Grenze gemusst hätte. Und das ging schon mal gar nicht.

Dem Café Neptun kam das sehr gelegen, weil man allabendlich die roten Laternen anknipsen konnte. Im Ort war man sich einig, das ist ein Puff. Und so ganz unrecht hatten die braven und doch hoch erregten Bürger nicht, denn da lief ja so einiges. Ein Schäferstündchen soll Anno 1965 zwanzig Mark gekostet haben. Zuzüglich *Schießbudesekt.*

Puff mit Fensterbrett

Doch im Neptun konnte man auch ekstatisch tanzen. Auf einer Bühne, die kaum größer war als ein Fensterbrett, gastierten durchaus angesagte Bands. Ebenfalls ohne Polizeikontrolle, ohne Sperrstunde, ohne Jugendschutz. In diesem Sodom und Gomorra konnte ein Halbstarker auch unter sechzehn ein Eintrittskärtchen ergattern.

Noch ein grenzwertiges Kahl-Kuriosum kann ich nicht für mich behalten, zumal der Ortsname Großwelzheim bereits gefallen ist. 1960 sicherte sich nämlich der Kahler Bürgermeister Oswald Will die Namensrechte für das Atomkraftwerk, obwohl die Kahler damit gar nichts zu schaffen hatten. Von der 15 Megawatt Dauer-Atombestrahlung jetzt mal abgesehen. Es wurde nämlich nicht auf dem Gemeindegebiet der *Kahlamainer* hochbetoniert, sondern stand eindeutig in der Gemarkung Großwelzheim.

Aber die Kahler Briefträger mussten morgens per Drahtesel die eingehende Atom-Post dort hinschaffen und abends die ausgehende wieder abholen und *versackbeuteln*. Dazu kam noch, dass die zahlreichen Atom-Ei Besucher am Kahler Eilzug-Bahnhof aus- und einstiegen.

Genau deswegen war Dettingen übrigens als Bahnhofs-Alternative sofort aus dem Rennen, denn dort hielten nur die langsamen Personen-Bummelzüge und die Schienenbusse. Summa summarum, für den energiegeladenen Kahler Ortsvorsteher waren das Gründe genug, um den Kraftwerksnamen einzukassieren.

Atomare Begeisterung

Siegreich strahlten nun die nuklearen Kahler über ihren sensationellen Imagegewinn. Das gelb angemalte Atom-Ei war schließlich der erste kommerzielle Kernkraftreaktor in ganz Deutschland. Damit schafften es die *Såndhåse* locker in die Tagesschau. Und weil die Großwelzheimer *Håbärt* in die Röhre gucken mussten, malten sie aus Trotz das Atomsymbol in ihr Ortswappen. Wackersdorf und «Atomkraft nein danke» Fähnchen waren damals gedanklich noch so weit weg, wie Kapstadt vom Nordpol.

Klar, dass die Zeichen der Zeit nicht auf eine eng vertraute Freundschaft mit den Kahlern stehen konnten. Deswegen liefen auch alle gebietsreformerischen Eingemeindungsversuche der Sandhasen ins Leere.

Da waren andere deutlich erfolgreicher. Der Markt Mömbris zum Beispiel, dem man damals nicht viel mehr zutraute, als Jahr für Jahr rekordverdächtige Schulden zu machen, schaffte es, sich ganze siebzehn Ortschaften einzuverleiben.

Alzenau schnappte sich fünf. Und Kahl bekam nichts. Der *Welzemer See* war wie eine Demarkationslinie, von blauen Fröschen bewacht. Die Bürger von *Deddinge* und *Welzem* flohen deshalb hurtig unter einen gemeinsamen Karlstein Schirm. *Bloß ned nåch Kahl!* hieß die hysterische Parole.

Nun zieht es uns endlich in die kreisfreie Kreisstadt Aschaffenburg, die sich schon 1901 Leider und Damm gegriffen hatte, 1939 Schweinheim, 1975 Gailbach und 1978 auch noch Obernau. Aber der Reihe nach. Erst müssen wir klären, warum die lustigen Mainzer nicht nur am Rhein, sondern auch hier am Main eine bedeutende Rolle in der Geschichte spielen. Denn im *Aschebäjer* Stadtwappen hockt ja der heilige Martin auf dem Thron und der wiederum ist der Patron des Mainzer Erzbistums.

Mainz bleibt Mainz

Das Mainzer Rad ist für uns auch deshalb so bedeutungsschwanger, weil in Aschaffenburg das pompöse Schloss Johannisburg steht. Das haben nämlich nicht die Bayern gebaut, und schon gar nicht, wie manche Königstreue hoffen, der verträumte Kini, der im Starnberger See untergegangen ist.

Bauherren waren bekanntlich die Mainzer Erzbischöfe und Kurfürsten, die sich hier zwischen 1605 und 1614 eine bescheidene Sommerresidenz errichten ließen, um alsbald mit der ganzen Entourage am Tor zum Spessart aufzutauchen. Dieses Tor durchritten sie dann natürlich auch noch zügig, meistens Richtung Mespelbrunn. Denn das märchenhafte Bilderbuch-Wasserschloss geht ja ebenfalls auf das Mainzer Herrschaftskonto.

Einmal sind die *Meenzer* allerdings an ihre zügellose *Allmoi* Grenze gestoßen. Das war im Spessart, als sie versuchten, die Burg Wildenstein zu erobern. Nicht im Sturm wollte man sich die schicke Immobilie greifen, sondern die Rienecker Ritter und ihr Gesinde schön langsam aushungern. Doch das hat ihnen der Hobbacher Burgknecht Hannes

Jakob trickreich vermasselt. Eine zeitlang trieb er *alle Ritt* die letzte noch verbliebene Sau in den Burghof und brachte sie dort so laut zum Quieken, als hätte ihr letztes Stündchen geschlagen. Die Mainzer Generäle vermuteten nun, dass dort oben am laufenden Band geschlachtet wird.

Doch das genaue Gegenteil war der Fall, der Hunger wurde von Tag zu Tag schlimmer. Deshalb landete auch diese Sau irgendwann notgedrungen auf der Schlachtbank. Jetzt war nur noch eine Kuh und ein Schinken übrig. Den band ihr der Knecht mit folgendem Denkzettel zwischen die Hörner: «So wenig die Kuh den Schinken frisst, so wenig die Festung Euer ist!» So plakatiert, trieb er das Rindvieh in Richtung Mainzer Heer. Deren Anführer ließ die Belagerung umgehend abblasen. *«Eher verhungern mir, als dass dene do owwe die Kost ausgeht».* Die einer geschickt verschleierten Notlage entronnenen Burgleute feierten die List des Hobbacher Hannes und die überstandene *Meenzer* Attacke.

Zurück nach *Aschebersch.* Mit den Mainzern kam natürlich der *Meenzer* Dialekt in die Region. Jeder eingefleischte *Aschebäjer* (bitte niemals wie *Aschebescher* aussprechen, sonst *raachts!*) erklärt uns im Brustton der Überzeugung, dass hier eine Variante des *Meenzer* Dialekts gebabbelt wird, und dass es keinesfalls hessisch ist. Da ist man penibel.

Der Abbel teilt das Paradies

Im Prinzip ist das auch richtig, zum Teil zumindest. Sprachwissenschaftlich *babbelt* man im Raum *Aschebersch* eine Variante des Untermainländischen Dialektes, in der Region insgesamt ist es die rheinfränkische Mundart. Die wiederum wird auch in Teilen Hessens und in der Pfalz gesprochen. Hochstudierte Linguisten sehen irgendwo zwischen Aschaffenburg und Würzburg den Verlauf der sogenannten Äppel/Appel Grenze.

In der wissenschaftlichen Literatur wird sie auch die Germersheimer Linie genannt. In der Nähe der Autobahnraststätte Rohrbrunn hat man für diesen *Äppeläquator* sogar einen Gedenkstein gesetzt. Mit kurzen Gedichten in den Dialekten Rheinfränkisch und Mainfränkisch.

Westlich dieser etwas schwimmend-schwankenden Linie sagt man also *Appel* oder *Abbel*, mit einem hell klingendem A, östlich jedoch *Åpfel*, mit geschlossenem Å. Um dieses Å im Text zu markieren, habe ich in meinem Buch den Nordischen Akzent eingeführt. Erläuterungen dazu auf Seite 51 im Kapitel «Lautmalerei».

Apfel-sei-Dank ist der rheinfränkische Dialekt somit klar vom ostfränkischen Stiefbruder zu unterscheiden. Der wiederum wird östlich der Abbelgrenze, also in Unter-, Mittel- und Oberfranken in sehr unterschiedlichen Ausfärbungen *gebabbelt*. Wobei, dort *babbelt* man nicht, man *rrred*. Dieses Wörterbuch könnte dort auch nicht «Babbel ned» heißen, sondern vielleicht «Red åweng».

Der erkennbare *Meenzer* Akzent zieht allerdings nur einen relativ kleinen Kreis um Aschaffenburg. Richtung Kahl klingt es ganz klar hessisch und Richtung Obernburg und Miltenberg schwappt bereits der Odenwälder Dialekt *üwwer de Meeh*. Und ganz kurios, in Aschaffenburg selbst gibt es sogar geringfügige Unterschiede zwischen der Innenstadt und dem Stadtteil *Schwōihie*, wo *sellemols* anscheinend nur Schweine vor Glück grunzten.

Ähnliches erleben wir, wenn wir zwischen Großostheim und Pflaumheim hin und her pendeln. Also zwischen *Ousdem* und *Ploume*. Die Dialekte wichen früher zum Teil sehr deutlich voneinander ab. Doch je mehr die Orte zusammenwachsen, umso mehr werden die Unterschiede eingeebnet.

Um zu retten, was noch zu retten ist, hat Suitbert Kroth 2008 das Buch «Ploimer Mundart- und Dorfgeschichten» herausgegeben. Auf über dreihundert Seiten steht viel spannendes über die eigenwillige Bachgau Gemeinde mit dem kugelrunden Kirchturmaufsatz. Auch für dieses Buch habe ich dort wichtige Anregungen gefunden.

Den auffälligsten *Ploimer* Sprachunterschied macht der Klang des offen und nasal ausgesprochene O. Wo/wou, So/sou, Roh/rou usw. Am besten zu hören im folgenden Vers: *Wie gut dass isch disch hou, do bin isch werklisch frou, sunst hätt isch nix se dou.* Überall am Main, *Mååh, Moo, Meeh* entlang, kann sich der Dialekt also von Ort zu Ort ein bisschen ändern. Hier ist noch ein Beispiel: Die Ich-Form von *Sein* heißt *Isch bin* oder *isch bäi* oder *isch seu. Haben* wiederum kann *håwwe, hewwe, ho oder hohn* ausgesprochen werden.

Der *Honisch Beach* von Niedernberg hat übrigens genau hier seine Sprechwurzel. Die *Nirrernbäischer* sagen nämlich nicht: *Da håb isch kå Lust,* sondern *do hon isch keu Lust.* Und deshalb haben sie von ihren Nachbarn den Spitznamen die *Honischer* bekommen.

Muddies Hei hie ho

Mir klingt noch heute im Ohr, wie meine Tante Franziska aus Elsenfeld gebabbelt hat: *Wo wellt ihr eier Hei hie hō?* Oder: *Mir hewwe graad die Gaase un die Sai gefidded.* Diese Erklärungen klangen ganz offensichtlich nicht mehr wie eine Mainzer Büttenrede, sondern sind bereits vom *Ourewåld* durchwachsen. Sehr amüsant waren übrigens die legendären Weihnachts- und Ostergrußkarten meiner Tante, die immer den gleichen Schlusssatz hatten: «Muss jetzt schließen, bin in Eile, habe Wasch». Am Ende hat sie es nämlich stets noch einmal mit Hochdeutsch probiert.

Einen schnellen Wortwechsel erleben wir auch im Kahlgrund. Während die *Schöllkrepper* noch *Krummbern* kochen, essen die *Alzeneescher* bereits *de hessische Kadoffelsålåd* mit *Frånkforter Werschtschen.*

Wir richten unser Fernglas jetzt mal nach Osten. Die bischöfliche Residenzstadt Würzburg mit Sitz der Regierung von Unterfranken, heißt entweder Wätzbörsch, oder etwas langsamer gesprochen Werzböisch oder gleich Würrzburch.

Das R schön frrränkisch gerollt. Je nach dem wo man halt in Unterfranken wohnt.

Um da hin zu kommen, müssen wir über die Abbel/Åpfel Grenze, die den Spessart durchschneidet. Die ist, wie schon gesagt, ein bisschen *waggelisch*. In manchen Ortschaften sagt man *Brurer*, in anderen bleibt man lieber beim *Bruder*. Der Vater kann mal *de Babba, Vadder, Vödder, Babe* oder *de Bawe* sein. Die Mutter und selbst die Schwiegermutter ist die *Mamma, Mömme, Muddi* oder *Modder*. Möm und Dääd ruft sie hier keiner. *Des sin neumodische Ferz.*

Ganz kurz noch zur *Muddi*. Manche Männer gewöhnen sich mit fortschreitendem Ehestand an, ihre Angetraute mit *Muddi* anzusprechen. Ist das so eine Art ödipaler Alterskomplex? Ich weiß es nicht. Ich hatte keine *Muddi*, weder früher noch später. Als ich klein war, war *Mamma* genau richtig für mich. Und falls Sie sich jetzt als *Muddi-Mann* ertappt fühlen, dann bleiben Sie ganz entspannt. Denken Sie an den Schlager von Roy Black: «Du bist nicht allein».

Wir wenden uns jetzt wieder dem *Äbbelwoi* zu, der im Hochspessart, hinunter Richtung Marktheidenfeld, zum *Öpfelmoust* wird. Für den Hunger gibt es bei uns den *Weck*, dort *e Brödle, hier Wörscht, dort Würrscht. Presskopp un Blutschwåddemååche* wechseln zu *Pressågg und Routgelechti*. Zum Nachtisch *schnabuliert* man hier *Äbbelpannkuche*, dort *Åpfelkräpfli*, und zum Kaffee heißt die fränkische Version vom *Maddekuche* plötzlich *Maddeplōōz*.

Der ostwärts beheimatete Unterfranke verkürzt auch mit Vorliebe seine Mitteilungen, indem er einfach die Endungen der Wörter weglässt: *Mir könn a weng wås måch.* Der Untermainer hingegen bleibt lieber ausführlich: *Mir kende e bissje wås mache.*

Aber auch wenn wir im Hessischen unterwegs sind, finden wir diese Kürzeritis an jeder Straßenecke: Aus Suppe wird *Subb*, aus Krawatte *Krawadd*, aus Hose *Hoos*, aus Stube *Stubb*, aus Sünde *Sin* und so weiter. Auch mit dem

Deminutiv ist der *Hessekobb* schnell *bei de Hånd.* Denn das verniedlichende *le* am Ende ist keine fränkische Domäne, es wandelt sich hier lediglich zum *je* oder *sche*: *Gleesje, Bobbesje, Tässje, Gärdsche, Wäldsche, Bubsche, Määdsche.*

Der Hesse mag außerdem keinen Genitiv. Nicht der Genitiv ist dem Dativ sein Tod, sondern genau umgedreht. Der Genitiv wird nämlich aus dem Dativ heraus, zusammen mit einem Possesivpronomen gebildet. Wir machen es praktisch und schauen im hessischen Langenscheidt nach: *Wem seu Bier issen des? Des misst dem Schorsch seu Bier seu.* Was hingegen korrekt ist, steht bei Konrad Duden: Wessen Bier ist das? Das müsste Georgs Bier sein. Das klingt allerdings ziemlich *bleed*, finden Sie nicht auch?

Nachhilfe für WhatsApper

Weil wir gerade bei der Grammatik sind. Ich habe auch was für die jungen WhatsApper gefunden, die uns Ältere gerne belächeln, weil wir noch auf die Groß- und Kleinschreibung achten. Ein paar Beispiele sollten genügen, um doch ab und zu den kleinen Finger Richtung Shift-Taste zu bewegen:
Ich sehe das objektiv. Ich sehe das Objektiv.
Er hat liebe Genossen. Er hat Liebe genossen.
Wäre er doch Dichter. Wäre er doch dichter.
Die nackte Sucht. Die Nackte sucht.
Sieht dir ungeheuer ähnlich. Sieht dir Ungeheuer ähnlich.
Ich sehe den geliebten Rasen. Ich sehe den Geliebten rasen.
Der gefangene Floh. Der Gefangene floh.
Die Spinnen. Die spinnen.
Helft den armen Vögeln. Ähm, hier erspare ich uns den Rest.

Apropos *die spinne.* Als die *Spinne*, eine unfallträchtige Kreuzung bei Geiselbach, für rund drei Millionen zum Kreisverkehr umgebaut wurde, gerechnet hatte man mit Einskommafünf, sagte ein Krombacher: «Die Spinne? Die spinne!» Er hatte recht. Die Weite der platt gemachten Baustelle sah aus, als würde hier die Wüste Gobi nachgebildet.

Weiter im Text. Als junger Kerl war ich häufig in der Würzburger Gegend unterwegs. Durch mein Engagement in der katholischen Jugend hatte ich viele Freunde im Bistum. Mit denen traf ich zum Beispiel bei Seminaren auf dem Volkersberg zusammen. Da hat es meistens nur ein oder zwei Tage gedauert, bis der frrränkische Zungenschlag auf mich abfärbte. Munter rrrrollte ich das R und verzwergte jedes erreichbare *Brödle* mit dem fränkischem *le* am Ende.

Eine zeitlang habe ich in *Hädefeld* gewohnt, über ein Jahr in Würzburg gearbeitet und zu all dem die Bundeswehrzeit in Veitshöchheim absolviert. Das war praktisch auch wieder in Würzburg, zumindest nach Dienstschluss. Gar nicht so selten trieben sich die Herren Obergefreiten im Musikclub Omnibus herum, in der hocherotischen Safari Striptease Bar am Rathaus, oder im weinseligen Lämmle am Marienplatz. Ich kann auch nicht vergessen, dass es ein Kamerad tatsächlich geschafft hatte, mit dem kleinen MTW Panzer nach Würzburg zum Friseur zu fahren. Als er von Feljägern eskortiert zurückkam, stand die Arrestzelle natürlich schon *sperrångelweit uff.*

Trotz dieser Aus- und Rumreiserei bin ich meiner Muttersprache treu geblieben. Bei uns daheim wurde schließlich kein Wert auf die pinkelfeinen, hochdeutschen Sprachwendungen gelegt. Bei uns wurde *grådnaus gebabbelt.*

Besonders meine *Omma* war mit allen Wassern gewaschen, wenn es um grantige Redensarten und wortgewaltige Schimpf-Tiraden ging. Wenn ihr jemand *uffs Gohl* ging, dann hat sie sich den *Sakramenter* zur Brust genommen und alles *zåmmegedaaft,* was ihr im Zorn gerade so einfiel.

Omas großes Latinum

Ob sie im Bedarfsfall auch die deutsche Hochsprache gekonnt hätte, weiß ich gar nicht. Immerhin hat sie es geschafft, mich als Pennäler bei den lateinischen Vokabeln abzuhören. Wobei, da hatte sie schon wieder etwas Erfahrung.

Ich sage nur *Dominus vobiscum. Et cum spiritu tuo.* Die meisten werden jetzt wissen, was ich meine. Aber das Vokabelheft war nicht ihr einziger Latein Kontakt. Als ich als achtjähriger Messdiener das Stufengebet samt *Confiteor deo omnipotenti* auswendig lernen musste, hatte meine *Omma* schon einmal die ambitionierte Latein-Trainerin gespielt.

Die Anekdoten in diesem Buch kursieren rund um die Sechziger bis Achtziger Jahre in der Gegend von Kahl, Schöllkrippen, Hanau, Aschaffenburg, Obernburg und ein gutes Stück hinein in den Spessart. Das war der Radius, in dem ich groß geworden bin. Deshalb sind die Beispiele typischer Redewendungen so formuliert, wie sie früher bei uns daheim üblich waren. Zum Glück unterscheiden sie sich in den verschiedenen Orten der Region meist nur durch klangliche Kleinigkeiten. Wir werden uns daher schon verstehen. Und Sie werden eine Menge Spaß haben.

Apropo Spaß, ich muss noch etwas ernsthaftes loswerden, bevor wir zur Wörterliste umblättern. Wenn man die mundartlichen Begriffe durchforstet, sticht eines besonders ins Auge: Es sind ziemlich viele grenzwertige Kraftausdrücke und Wortschöpfungen dabei, mit denen sich unsere Altvorderen gegenseitig tituliert, beschimpft, angefeindet und *gefrozzelt* haben. Geschenkt hat man sich nichts.

Der alltägliche Umgangston war selten nur herzlich und schulterklopfend. Debatten endeten sehr oft auch boshaft, deftig und rauhbeinig. Man hat geflucht und verflucht. Dabei kamen gehässige Tiraden zustande wie zum Beispiel:

Isch wünsch der dausend Schwärn ån de Ōrsch und scheene kōrze Årm, damid de disch ned jugge kånnst.

Auch die Frauen blieben nicht verschont. Alice Schwarzer sollte deshalb das Buch besser nicht *in die Griffel* bekommen. Denn die *Weibsleut* wurden oft schäbig und von oben herab abgefertigt. Als *Krawallschachtel, Biggse, Schorwächtern, Ōrschel, Ohs* und *Luder.* Gegen alle Etikette. Prollig und machohaft würde man neudeutsch sagen.

Das ist heute zum Glück weitgehend anders und ein Ergebnis der Emanzipation, auch wenn die noch immer voll im Gange ist. Bei den Wetter Tiefs und Hochs stürmt es inzwischen bereits gleichberechtigter. Ein Tief ist jetzt auch mal Männersache und Frauen bekommen dafür im Wechsel den Sonnenschein zugesprochen.

Aber es ist doch echt erschreckend, wenn sich die Supermachos einerseits von einer erotischen Frauenstimme im Porsche-Navigationsgerät herumkommandieren lassen, dann aber völlig ausflippen, wenn bei der WM 2018 erstmals eine Frau ein Top-Spiel kommentiert. Claudia Neumann wurde derart mit Beleidigungen und Drohungen bombardiert, dass die ZDF Rechtsabteilung Strafanzeige stellte.

Altweibersommer Helau

Jede Kleinigkeit muss anscheinend 68er-haft erkämpft werden. Zum Beispiel 1978. Da reichte nämlich eine resolute 78-jährige Dame aus Darmstadt beim dortigen Landgericht Klage ein. Sie wollte, dass der *Altweibersommer* aus dem Sprachschatz des Deutschen Wetterdienstes gestrichen wird, weil sie das Wort als diskriminierend empfand.

Ihre Klage wurde damals wie folgt abgewiesen: «Die in der Klage bestimmte Personengruppe *Alte Frau* ist nicht beleidigungsfähig, weil sie gar nicht klar abzugrenzen ist».

Das war aber nur der Kern der Begründung. Das Gericht wies außerdem darauf hin, dass mit *weiben* im Althochdeutschen das Knüpfen von Spinnweben bezeichnet wurde. Die seien im Frühherbst oft auf Wiesen anzutreffen und stammen von jungen Baldachinspinnen. Und deren Spinnweben würden eben eindeutig an die grauen Haare älterer Damen erinnern. Das Urteil fiel übrigens am 2. Februar 1989. Punktgenau der Donnerstag, an dem der Altweiberfasching begann. Helau! Ein Schelm wer Böses dabei denkt.

Bleiben wir gelassen, die Leute haben hier schließlich genau so gebabbelt und viele tun es auch heute noch so.

Als deren Chronist sehe ich keinen Anlass, mich zum Ermahner oder Beurteiler aufzuschwingen. Irgendwo steht zwar, dass ich zum Revival der hiesigen Umgangssprache und ihrer schrulligen Wortschöpfungen ermuntern möchte. Aber man muss ja nicht jeden Quatsch von früher eins-zu-eins *nåchbabbele.*

Deswegen empfehle ich beim kritischen Blick auf bestimmte Redewendungen, *die Kersch im Dorf zu lásse.* Es dürfte klar sein, dass heute kein Mensch mehr einer Frau *Amischlutt* nachrufen kann, nur weil sie mit einem Amerikaner flirtet. So einen *Kujon* und *Fregger* würde man *bein Deipenker jåche,* oder ihm *die Fresse poliern.*

Babbel ned ist nichts weiter als ein folkloristisches Heimat-Wörterbuch. Angereichert mit kuriosen Erlebnissen, amüsanten Details, unglaublichen Geschichten und manch Wissenswertem, von dem gerade junge Leute noch nie etwas gehört haben dürften. Das alles könnte *mirnixdirnix de Bach nunner gehe.* Zum Beispiel die Wahrheit, dass der krabbelige *Kahler Såndhås,* eigentlich nur eine winzige Ameisenspezies ist. Und eben kein langlöffeliger Osterhase, wie ihn die Kahler großspurig in Sandstein gehauen haben.

Einen hab ich noch

Am achten Tag erschuf Gott die Dialekte. Der Berliner ist glücklich. «Mann, wat hab ick n juten Dialekt». Der Hamburger: «Min Dialekt is feiiin zum schnacken». Auch in Köln ist man zufrieden: «Hey du Jeck, Kölsch is ald doch joot». Der Bayer feiert mit: »Joa mei, des is doch a guader Dialekt». Und der Sachse ergänzt: «Ja nuh, freilisch. Sächsisch ist klösse».

Nur der Hesse zog ein trauriges Gesicht, weil am Ende der Zuteilung kein Dialekt mehr für ihn übrig geblieben war. Da sprach Gott der Herr: «Resch disch ned uff, Alter. Dånn babbelste äwe wie isch».

Hessebayern.

Wir gucken jetzt mal in den Deutschen Glücksatlas des Wirtschaftswissenschaftlers Bernd Raffelhüschen von 2017. Die ersten drei Plätze schenken wir uns, die sind ohnehin nur in den Nachkommastellen glücklicher. Doch schon auf Platz vier von neunzehn strahlen die Hessen, unmittelbar von den Franken auf Platz fünf verfolgt. Das sind wir, zusammen mit unseren Nachbarn. Und das ist bestimmt schon immer so.

Da ich mit meinen Annekdoten vor allem in die angeblich so guten alten Zeiten der 60er bis 80er Jahre schaue, frage ich mich natürlich, wo damals die Kristallisationspunkte des Glücks leuchteten. Wie schon vorher geübt, beginne ich auch diese Betrachtung wieder in Kahl, und um Kahl, und um Kahl herum. Hier wohnen sowieso die perfekten Hessebayern. Nicht nur lingual, sondern besonders auch wegen ihrer grenzenlosen Grenze zu Hessen.

Allerdings war da früher nicht wirklich viel los. Sonntags vielleicht Fußball, Badesee und Tanzmusik. Die Kerb war lange Zeit das Höchste der Gefühle, heute ist sie in Kahl das Reizwort Nummer eins. Und die Schwesternkerb läuterte sich im Laufe der Zeit zum kleinartigen Pfarrfest. Wir mussten also los. Nach Hanau und vor allem nach *Aschebersch*.

Näher ran beim Tanzen

Der regionale Flirttempel Nummer Eins war die *Welzemer* Diskothek «Ritterkeller». Die hatte den legendären Tanzschuppen «Bonanza» im Gasthaus Bahlke publikumsmäßig beerbt. Hier war es an jedem Wochenende *raggelvoll*. Das traf regelmäßig auch auf die moped-rasenden Halbstarken zu. Possieren, engtanzen, und *Weiwer åbschlebbe* oder ersatzweise anständig einen *hinner die Binde gieße*, das klappte hier in ritterlicher Vollendung.

Ein Mix aus Rotlicht und Disko entwickelte sich zudem in der «Forelle», im dichten Wald zwischen Kahl und Alzenau. Insbesondere die Amis aus den Kasernen von Wolfgang und Hanau waren hier Stammgäste. Ein Taxifahrer konnte sich damals echt eine goldene Nase verdienen.

Die großen Erlebnisse, und zugegeben, die maßlosen Besäufnisse, hatten wir aber immer im Festzelt. Egal ob Kahler *Såndhåsefest*, *Gickelskerb* in Strietwald, *Memerscher* und *Omboischer* Apfelblütenfest, Hohler Kerb, Weinfeste in *Herrschte* und Michelbach, Michaeli Markt in *Schöllkreppe* oder das *Aschebäjer* Volksfest und die *Michelsmess* in Miltenberg. Sobald irgendwo ein Bierzelt aufgestellt wurde, gings *uff die Mussigg*. Also praktisch am laufenden Band. Denn irgendein Musik-, Feuerwehr-, oder Schützenverein feierte gerade sein hundertjähriges Jubiläum. Und in fast jedem Kaff wurde, frenetisch bejohlt, eine Königin gekürt.

In der Stadt, gemeint ist jetzt die Kreisstadt Aschaffenburg, war man tanz- und partymäßig schon sehr früh ganz vorne dabei. Wobei, *Party machen* hieß das damals nicht, sondern *uff die Mussigg gehe*. Partys gab es, wenn überhaupt, im Partykeller von Freunden. Mit Bravo Starschnitten, Winnetou Kinoplakaten und Bierdeckeln an der Wand, bunten Lichterketten an der Decke und Asbachflaschen auf der Bar, wo bunte Kerzen ihrem Ende entgegentropften.

Als Teenager machte man damals zwar noch immer beim Alisch oder Fischlein in *Aschebersch* oder bei Berné in Hanau den klassischen Schul-Tanzkurs, um wenigstens die wichtigsten Benimmregeln für die Brautschau zu verinnerlichen. Doch gleich danach hoppelten die meisten vom Beat-Rhytmus getrieben, fast schon anarchisch über das überall gewachste Tanzparkett. Ballkleid und schwarzer Anzug blieben jetzt im Schrank, das einzig wahre Outfit wurde einem im Tazzos Twen Shop im Rossmarkt verpasst. Ultraminirock und Twiggy Kleidchen für sie, Kellerfaltenhose, Samtsakko und Blumenhemd für ihn.

Beliebte Ziele waren die Dixiebar in der Ohmbachsgasse, der Jazzkeller und der Klimperkasten im Rossmarkt. Die hatten sogar eine eigene Klimpi-Hausband, die einmal im Monat die Verstärker aufdrehte.

In Hanau war die Jollybar der ultimative Treffpunkt. Die *Tielman Brothers* zum Beispiel waren eine umwerfende indonesisch-holländische Showband, die hier regelmäßig auftrat. Daneben spielten *Fats & His Cats, Black Dynamits, Crazy Rockers, Gisha Brothers, Twens* und *Strangers*. Der Pioneer Club in Wolfgang gehörte genauso zu dieser explosiven Szene, wie die Krone in Mittelbuchen, die City Bar in der Krämergasse, sowie die Moonlight Bar und die Atlanik Bar im Hanauer Lamboyviertel. Und der Tagestreffpunkt war die Milchbar am Freiheitsplatz.

Langhaarige Gammler

Der Hanauer Anzeiger schrieb damals über das aufgedrehte Publikum: «Auch in Hanau gibt es Halbstarke. Blue Jeans sind ihr Erkennungszeichen. Sobald sich zwei, drei Typen in blauen Hosen treffen, taucht eine Polizeistreife auf und spricht von Zusammenrottung und Aufruhr».

Später war die Hansa Bühne, ein Ex-Kino in Langendiebach, der Nabel der Welt. Wenn die *Rodgau Monotones* dort auftraten war es ein Heimspiel. Für *Nena, die* 1982 hier gastierte, ein früher Versuch. Ihre neunundneunzig Luftballons stiegen ja erst ein Jahr später auf. In diese «Ahnenreihe» gehört natürlich auch die Goldene Krone in Darmstadt. Und in *Aschebersch* dürfen wir die Bühne im legendären Hopfengarten-Saal nicht vergessen, der irgendwann leider dem Neubau der Stadthalle weichen musste. Dort spielten jahrelang die besten Bands der Region.

Die sogenannte 68er Szene hatte in Aschaffenburg allerdings wenig mit Politik am Hut. Selbstgemachte Musik, Bier aus dem Zehner Körbchen und kiffen, waren die erstrangigen Hobbies der Zeit. Und die Bands schossen damals genauso schnell aus dem Boden, wie die Haare der *Gammler* zielstrebig Schulterlänge und mehr erreichten.

Über diese Zeit habe ich mich lange mit Gerald Junker unterhalten, einem der Junker Brüder, die man am besten als *Chicahlgrund* Musiker kennt. Auch er erinnert sich an unzählige Episoden und Abenteuer der damaligen Musikszene und kann tausendundeine Story auftischen, die sich vor und hinter der Bühne abgespielt haben. Wir haben ernsthaft überlegt, ein Buch über die regionale Tanz- und Musikszene der Fünfziger bis Achtziger Jahre zusammenzutragen. Zu erzählen gäbe es jedenfalls genug. Na mal sehen.

Angefangen hat das ganze Theater 1949 mit den *Tanzrhythmikern*. Die wandelten sich in die *Kahltaler*, wo besonders der bebrillte Schlagzeuger auffiel, weil er aussah wie Willy Millowitsch. Dann gründeten die Junker Brüder die *Sound Selection*, traten im weißen Smoking auf und füllten locker jeden Saal und jedes Festzelt. Etwas legerer gekleidet spielten sie parallel dazu mit großer Bläserbesetzung auch noch als *Modern Sound.* Daraus wiederum entstand später *Chicahlgrund*. Diese Truppe war wie ein Sammelbecken, in der sich die besten Musiker aus anderen, inzwischen aufgelösten Bands zusammenfanden.

Zu den ganz Großen der Zeit gehörten natürlich auch die *Amor*, die 1947 von Kahlern gegründet wurde und das *Gloria Sextett*, 1946 in Kleinostheim gestartet, wo unter anderen der Dettinger Buchdrucker Rainer Kolb mitspielte.

Selbst der damals von asthmatischen Ruhrgebiet-Kurgästen überflutete Luftkurort Heigenbrücken, steuerte mit den *Silver Stars* eine durchaus beliebte und meist ausgebuchte Tanzkapelle bei. Richtung Obernburg und Miltenberg waren die *Kings, Utopia* und *Voice* die Einheizer in den dampfig überfüllten Festzelten. Vor allem *Twilight* hatte sich eine treue Fangemeinde zusammengespielt.

Ähnlich wie *Chicahlgrund* sammelte die Großwallstädter Soul-Funk-Formation *Soul Transmission* die besten Musiker aus den aufgelösten Bands ein. Sie kamen von *Twilight, Voice, Angels, Choice, Bright Sign, Soulmotion* und *Cavemaster.*

Alle Bands spielten zum Tanz. Von der *Dicke-Backe-Mussigg* über den Big-Band Sound, harten Rock, R&B, Funk und Soul, bis hin zur Hitparade und Schlagermusik. Und ständig trauten sich neue Beat-, Rock und Soulbands auf die Bühne, nachdem sie im Eierdeckel verkleideten Keller lange genug geübt hatten. Wir erinnern uns besonders an die *Aschebäjer Sparrows, Mods und Mersey Four* und die *Counts* aus Alzenau. Die *Guess Who* mit Peter Müller, hatten immer die aktuellen Charts drauf. *Freecourt Convention* war auf Soul spezialisiert. Beide Bands kamen genauso wie *Ute and the five Lappins*, aus dem hessischen Freigericht.

Ziemlich crazy war auch die *LSD Group* aus Kahl mit Roland Bonengel an der Spitze. Später kam *Opusculum* dazu, die zunächst als Musikanten die immer mehr in Mode kommenden Jugendgottesdienste beschallten, die sogenannten Jazzmessen. Ihr letzter Revival Auftritt war im November 2014 im Kahler Pfarrheim.

Seit 1978 ist *Hot Lanta* am Start, seit 1988 *Smørrebrød.* Und 1991 startete die in Kleinostheim gegründete Hardrock Cover Band *AB/CD*, die mit den ganz Großen wie U*riah Heep, Nazareth* oder *Whitesnake* tourten. Natürlich steht hier AB für *Aschebersch.*

Bei einer Beatband habe ich übrigens auch mal mitgetrommelt. Wir starteten 1965 zu dritt als *The Traps.* Ohne mich wurde daraus später *The Motion*, die es bis in den Saalbau Blankenbach, ins Alte Kino in Mömbris und regelmäßig ins legendäre Kahler Cafe Fecher mit riesiger Buddha Figur schafften. Dort folgten ihnen *The Lions.*

People begannen 1966 mit Ilona Kettenbeil, Frank Eberhardt und Bernd Heyder als Folk Trio und mauserte sich 1974 zur Folk-Rockband. In deren Umfeld entstand übrigens auch das Aschaffenburger Plattenlabel «Ohrwurm».

Zu den besten Bands gehörte die Soul Formation *Inspiration*

Six aus Hanau. Gerald Junker erinnert sich lebhaft an deren Auftritt im überfüllten Saal vom *Jule Otto* in Mömbris.

Der Kahlgrund Saalbau als Starclub

Solche relativ kleinen Tanzsäle gab es damals überall. Der Heuboden in Blankenbach, der Saalbau vom Scholtese Werner in Brücken, der Heininger Saal in Strötzbach (heute Gasthaus zur Rose), das Kahler Pfarrheim, der Riesen Saal in Seligenstadt oder der Saal «Stadt Hanau» und die Turnhalle in *Klotzeborsch*. Weiter südlich waren die Krone in Elsenfeld und die Linde in Hofstetten die Favoriten.

Auch die meisten örtlichen Turnhallen wurden laufend zu Tanzsälen umfunktioniert. Immer proppenvoll war die Stadthalle in Obernburg, wenn *Twilight* oder *Soundexpress* auftraten. Berühmt berüchtigt waren auch die Termine der MFG in der Bachgau Halle in Großostheim. Hier gab es neben der Tanzmusik auch gerne mal eine Schlägerei zwischen den Rockern aus *Hesse* und Bayern.

Change spielten bereits härteren Rock. Deren Frontgitarrist Maurice Nichols kaute zum Beispiel das «Purple Haze» genauso begnadet mit den Zähnen auf seiner E-Gitarre wie der große Jimi Hendrix. Dann kam *Scaramouche*, gegründet von den *Klotzebojer* Hofmann Brüdern. Auch um deren Band ranken sich unzählige skurrile Geschichten. Der Schlagzeuger schaffte es zum Beispiel mit einem Banküberfall auf die Titelseite der Zeitung.

Geradezu bombastisch waren die Hanauer *Orange Peel* mit dem außergewöhnlichen Gitarristen Leslie Link, dem Jimi Hendrix von Hanau, dann Bassist Heini Mohn, Sänger Peter Bischof und Weltklasse Drummer Curt Cress, der später auch mit Klaus Doldingers Passport, Atlantis, Spliff und Snowball tourte. Kurti formulierte es so: «Drei Jahre lang haben wir die Stadt beherrscht». Genau so wars. Hanau war *very famous* im sonst doch eher konservativen Germany.

Auch *To&Fro* rund um Jacob Stickelmayer überhitzten

jeden Saal, vor allem wenn die zwei schwarzen Soul-Sänger mit Proud Mary loslegten. Genauso famos war *Take Five* der Grimm Brüder und *Ulysses,* die mit einem neonfarbigen Afro-Look Poster für ihre Auftritte warben. Aus Mainflingen tauchten die *Midnight Special* auf, die sich damals mit dem provokanten Slogan brüsteten: «Die Männer mit den weißen Hosen machen die besseren Nummern». Und in Seligenstadt rockte derweil *Hot Stuff* die tanzwütigen Fans.

1971 ging es mit *The Tumbling Dice* los. Am Mikrofon war Manny Herrmann, der als Hanauer Mick Jagger gefeiert wurde. Er sah genauso aus, sang und wackelte mit dem Hintern wie der große Mick. Und das übrigens schon als 15-jähriger Teenie, in *Auheim* bei *Eve Of Destruction.*

Die *Aschebäjer* Jungs von *Boppin'B* haben mit stabiler Pomadenfrisur inzwischen bei über fünftausend Gigs dem Rock 'n' Roll und Rockabilly gefrönt. Aber die bundesweit wahrscheinlich erfolgreichste Formationen der Region sind wohl die *Rodgau Monotones,* die sich mit legendären Songs wie «Erbarme, die Hesse komme», schneller als alle anderen nach oben rockten und *hesselten.*

Bleibt noch die Würzburger Band *The Jay Five,* die Anfang der 1970er Jahre die Rockoper «Tommy» von *The Who* coverten. Fast zweihundertmal spielten die Franken ihre gigantische Show auf deutschen und europäischen Bühnen. Danach zogen sie mit *Peter Maffay* über deutlich mehr als sieben Brücken, denn der hatte damals noch keine eigene Kapelle. Ausschließlich bei den Amis war die Würzburger *Kid Murphy Band* unterwegs, von einem alternativen Gastspiel im Schwarzen Adler in Hain und einem Kommz Auftritt in Nilkheim mal abgesehen.

2006 gab es eine Neugründung von *Chicahlgrund,* wieder rund um die Junker Brüder, jetzt mit dem veränderten Namen *Chicahlgo.* Wenn sie heute im Colos-Saal in *Aschebersch* auftreten, dann kann man immer noch kurz die Augen schließen und schon röhrt es von der Bühne, als würden

Chicago oder *Blood, Sweat and Tears* die Royal Albert Hall in London beschallen. Die Ur-*Chicahlgründer* haben sich übrigens 1980 aufgelöst, nur 1992 gab es nochmal ein umjubeltes Revival vor tausenden Fans in Freigericht.

Ganz im Ernst, jetzt wirds lustig.

Auch die Kabarett- und Comedyszene hat sich in unserer Region überproportional stark entwickelt. Allen voran natürlich der *Aschebäjer* Urban Priol, der auch in der ZDF «Anstalt» keinerlei Anstalten machte, unseren Dialekt zu verheimlichen. Es folgt das hessische *Badesalz* Duett von Henni Nachtsheim und Gerd Knebel. Der eine saxofonierte vorher bei den *Rodgau Monotones*, der andere kasperte eine zeitlang bei *Flatsch*. Jeder kennt den Frankfurter Bodo Bach, der eigentlich Robert Treutel heißt und immer gern ein Problem hätte.

Aus dem tiefsten *Busch* taucht der *Schellkrepper* Johannes Scheerer auf. Zunächst als Moderator beim Heimatradio Primavera und dann bei Radio FFH. 2012 bekommt er für sein freches Mundwerk den Fränkischen Kabarettpreis.

Auch noch ein in Hanau-West geborener Spaßmacher fällt uns auf: Andy Ost, der schon als Siebenjähriger in die Bütt stieg und später in «Mainz wie es singt und lacht» zusammen mit Tobias Mann die Zwerchfelle massierte. In der «Kabarettbundesliga» wurde er 2018 sogar Erster. Und mit Johannes Scherer ist er seit 2014 Zudem als Comedy-Duo und dem Programm «Very Nice» unterwegs.

Norbert Meidhof kennt man vor allem in *Aschebersch*. Artig gescheitelt, saß er übrigens im *Humma* ein paar Streberreihen vor mir. Er erschien mir damals so brav, dass ich stets einen Heiligenschein über seinem Haupt visionierte. Anfangs trat er mit Schulfreund Reinhard Pascesny auf, blühte dann aber als Solist wie ein Weihnachtskaktus auf.

Wir müssen auch Lore Hock aus *Walloschef* erwähnen, die mit Frankenwürfel und Schlappmaulorden dekoriert wurde. Dann das *Babenhäuser Pfarrerkabarett* der protestantischen Pastoren Hans-Joachim Greifenstein und Clajo Herrmann. Und das Krombacher Urgestein Klaus Staab. Bevor der 1982 babbelnd auf die Kabarett Bühne kletterte, war er katholischer Kirchenorganist. Insgesamt sehen wir also viele frommherzige Berufungen. Messdiener waren sie ja ohnehin fast alle.

Rasant unterwegs ist auch die *Hohler Chaussee*. Unter dieser Headline schreibt Susanne Hasenstab seit 2007 im Mainecho ihre wöchentlichen Minidramen, wie zum Beispiel «Morgen ist gelber Sack», oder «Warum ist die Katz so dick». Der Hessische Rundfunk sendet die Episoden unter dem Titel «Der ganz normale Wahnsinn». Mit ihrem Bühnenpartner Emil Emaille ist sie auch mit kabarettistischen Lesungen unterwegs. Von 2009 bis 2014 gab es zudem das *Hohler Chaussee Theaterkabarett,* wo neben den beiden auch Tanja Bandhauer und Vic Schlusky auf der Bühne standen.

Über den Wahlmünchner Holger Paetz, der unter anderem mit der Lach- und Schießgesellschaft tourte, schreiben die Zeitungen, er sei so eine Art Buster Keaton des Wortes. Angefangen hat auch er in *Aschebersch,* und zwar mit in der Folkgruppe *Trapaetz,* gemeinsam mit Thomas und Annelies Amtmann und Albrecht Orschler.

Nicht nur das *schnuggelische* Aschaffenburger Stadttheater bietet den regionalen Kabarettisten eine hervorragende Bühne. Besonders zu erwähnen ist auch die Obernburger Kochsmühle und der von Urban Priol zu neuem Leben erweckte *Aschebäjer* Hofgarten. Einst rotes Plüschkino, heute eine renommierte Kabarettbühne allererster Güte.

Wir gehen kurz ins Kino. Im Februar 1951 hatte genau dieser Hofgarten den Skandalstreifen «Die Sünderin» mit Hildegard Knef im Programm. In dem Film gab es eine einzige Nacktszene, die allerdings einen Sturm der Entrüstung auslöste. Über zweihundert fassungslose *Aschebäjer* versuchten damals mit einer Blockade-Demo die sofortige Absetzung des *Schundfilms* zu erzwingen. Doch der Aufstand für Moral und Sauberkeit bewirkte genau das Gegenteil, der Film war wochenlang ein Kassenschlager.

Über einen ähnlichen Vorfall berichtete die FAZ auch im Mai 1954: «Katholiken aus der Gemeinde Pflaumheim haben gegen den Film "Colette tanzt für Paris" auf besondere Weise protestiert. Der Pfarrer zog in vollem Ornat mit zahlreichen Gläubigen vor das Kinogebäude und hielt dort eine Mai-Andacht. Viele Männer und Frauen wurden dadurch vom Besuch der Vorstellung abgehalten».

Vergleichbar skandalös war später noch einmal «Das Schweigen» von Ingmar Bergman, das im Apollo lief und *unsittlich verruchte* Sexszenen zeigte. Der Film löste die Gründung der «Aktion Saubere Leinwand» aus. Auch hier bescherten die Proteste den deutschen Kinos weit über zehn Millionen Zuschauer. Die «Süddeutsche Zeitung» machte sich später über die Kinobesucher lustig, die von der tiefschürfenden Aussage des Films leider nichts verstanden hätten.

Vier kesse Blondinen

Um noch tiefer in den musikalischen Ruhm der Kreisstadt Aschaffenburg einzusteigen, müssen wir unbedingt über die Jacob Sisters reden. Das sind die vier weltberühmten, tanzend singenden Damen, mit den wahnsinnig kuscheligen, schneeweißen Pudeln. Sie stammten, wie kann es anders sein, aus Schmannewitz, also aus «Sachsen, wo schöne Mädchen an den Bäumen wachsen». 1958 verließen sie genervt den wenig heiter gestimmten Arbeiter- und Bauernstaat. Sie zogen nach Frankfurt und starteten, gefördert von Lia Wöhr, in der Sendung «Zum Blauen Bock» ihre sensationelle Karriere.

Für das vorliegende Buch sind sie wegen einer Single Schallplatte wichtig, die im Sommer 1969 veröffentlicht wurde. Auf der Vorderseite, wie zu erwarten, der «Pudel Song».

Doch der eigentliche Reißer dudelte von der Rückseite: «Auf dem Wege nach Aschaffenburg». Mit einem Schlag(er) kannte die ganze deutsche Republik jetzt das Bayerische Nizza. Hier ist der ganz tolle Text:

«Auf dem Wege nach Aschaffenburg, Aschaffenburg, Aschaffenburg, brannten plötzlich alle Affen durch, und das war gar nicht fein. Sie sollten in den Zoo, doch kurzerhand, sind unterwegs, sie durchgebrannt. Seitdem da laufen sie jetzt unerkannt, herum im ganzen Land».

Musste ein *Aschebäjer* Ureinwohner angesichts dieser Melodei jetzt weinen oder lachen? Wen meinten die vier geflüchteten Wasserstoff-Blondinen bloß mit den Affen? War das etwa eine frozzelnde Extraktion aus Asch-Affen-Burg?

Nun gut, zur *Aschebäjer* Nationalhymne stieg dieser Affen-Song jedenfalls nicht auf. Glück gehabt. Sie müssen sich das Spektakel aber unbedingt im Internet bei «You Tube» anschauen. Achten sie besonders auf die kurzen, ebenfalls schneeweißen *Taufkleidchen*, in denen das *uffgedonnerde* Quartett den Schlager im Tanzschritt präsentiert. Genau so hätten sie nachts im Kahler Neptun auftreten können. Echt jetzt. In der Kahler Festhalle waren sie übrigens. Zwar ohne Affen, aber natürlich mit frisch frisierten Pudeln.

Ihren *Aschebäjer* Dialekt hat auch die silvestergeborene Grüne Christine Scheel nie abgelegt und ab 1984 verbalpolitisch eingesetzt. Bundesweit. Blond wie die Damen aus Schmannewitz, trat sie zuerst im Aschaffenburger Kreistag, später im Münchner Landtag und schlussendlich im Berliner Reichstag an die Mikrofone der Macht. Trotz ihres unüberhörbar hessischen Akzents, wurde ihr 2009 die Bayerische Verfassungsmedaille in Gold umgehängt. Bereits 2001 hatte sie die Silbermedaille für besondere Verdienste um die Bayerische Verfassung gewonnen.

Mit Anja Kohl taucht eine weitere waschechte Untermainerin auf der Mattscheibe auf. Die taffe Löwefrau machte in Elsenfeld Abitur und beglückt uns heute regelmäßig vor

der Tagesschau mit den nervösen Ausschlägen der Frankfurter Börse. Doch bevor wir mit ihr abrechnen, müssen wir
erst einmal Frank Lehmann erwähnen.

Er war Kohls Ziehvater auf dem Börsenparkett und prä-
sentierte seine Zahlen und Fakten im hessischen Dialekt.
Angesichts der hochnäsigen Schlips-und-Kragen-Geldverzo-
cker aus den Bankentürmen, hatte das einen absolut skur-
rilen Charme.

Plattes Börsengebabbel

Lehmann nahm kein Blatt vor den Mund und teilte gerne
mit, welche Firma du besser *in de Peife raache kånnst.* Sein
breit angelegtes Insider Wissen hat garantiert so manchem
Sofa-Spekulanten eine fatale Fehlinvestition erspart.

Jetzt aber zu Anja Kohl, die der hessischen Mundart mindestens genauso mächtig ist. Sie hat ja von Kind auf nie
anders *gebabbelt.* Als sie nun 2001, kurz vor Acht, mit dem
Mikrofon in der Hand und der Börsentafel im Rücken, im
Ersten auftauchte, legte sie ebenfalls auf hessisch los, wie
weiland der ergraute Herr Lehmann.

Doch was bei dem noch freischnauze und sehr authen-
tisch klang, hörte sich bei Frau Kohl nun urkomisch und
aufgesetzt an. Das merkte die ARD Intendanz zum Glück
ganz schnell und verdonnerte die *Aschebäjer* Anja zum
astreinen Hochdeutsch. Das wiederum babbelt sie nun so
überhöht tadellos, dass man teilweise den Eindruck hat, es
gehe gar nicht mehr um die tägliche Dax-Jagd, sondern um
einen Deutschkurs für Fortgeschrittene.

Frank Barwasser, unser fränkischer Nachbar, sie kennen
ihn besser als *Erwin Pelzig* mit Hütchen, Karohemd und
Herrenhandtasche, ist dieser glattgebügelten Börsentruppe
2011, in der Sendung «Neues aus der Anstalt», allerdings
vehement über den Mund gefahren. In seiner legendären
Wutrede hat er nämlich auch mit dieser allabendlichen
Drei-Minuten-Börsenshow abgerechnet:

«Ich möchte endlich mal wissen, warum ich mir wegen dreieinhalb Millionen Aktienbesitzern, jeden Abend im Fernsehen irgendeinen Scheißdreck vom Dax erzählen lassen muss».

Das saß. Chefarzt der ZDF «Anstalt» war bekanntlich der Aschaffenburger Sturmfrisur- und Bunte-Hemden-Fetischist Urban Priol. Wir stellen fest: Ganz ohne *Aschebäjer* Unterstützung läuft nix, noch nicht mal in der Fernsehanstalt der Mainzelmännchen.

Jetzt kommt noch ein kurzer Abstecher nach Großostheim. Bevor wir dort im Brauhaus ein Eder Bierchen hinter die Binde kippen, erinnern wir uns zunächst an den grandiosen Schauspieler Günter Strack. Er und seine Lore waren gut mit Waldemar Ostheimer aus Schöllkrippen befreundet, der lange Zeit in der regionalen Einzelhandelsliga für Farbfernseher und Waschmaschinen eine große Rolle spielte.

Nicht nur wegen dieser Freundschaft kam Günter Strack oft in unsere Gegend. Seine Mutter war eine geborene Wasserloserin, er hatte dort seinen eigenen Weinberg und hielt gern bei kleinen Weinfesten leutselig und autogrammeschreibend Hof.

Pfarrer Kempfert und Super Mario

Von 1987 bis 1992 spielte Günter Strack nun in der ZDF Serie «Mit Leib und Seele» den wohlbeleibten Pfarrer Dr. Adam Kempfert. Die einundfünfzig Episoden wurden rund um den Marktplatz von Großostheim, am Kirchturm von Sankt Peter und Paul gedreht. Das puschte den Ort fanmäßig ganz weit nach vorne. Ein neuer Wallfahrtsort war geboren.

Bei den Innenaufnahmen wurde allerdings geschummelt. Die wurden nämlich im Bischöflichen Ordinariat von Limburg gedreht. Damals noch ohne die goldene Badewanne des Protzbischofs. Und als Eingang zum Pfarrhaus diente im Film die Tür des Limburger Schlosses, weil Großostheim nichts angemessenes vorzuweisen hatte.

Dorthin zurück. Das sonst eher stille Örtchen wurde noch durch ein weiteres Highlight berühmt, nämlich die Ansiedlung der europäischen Nintendo Zentrale. Mit ihr floss nicht nur viel Steuergeld in den Gemeindesäckel, sondern vor allem kamen die japanischen Pokemons, Tamagotchis und der Super Mario Gameboy ins Dorf. Das machte den Fremdenverkehrs-Anstrengungen der Stadt Aschaffenburg schwer zu schaffen. So stand es zumindest in einer «Bumm» Glosse des Main Echos:

«Der Besuch aus dem Ruhrgebiet kennt sich in und um Aschaffenburg so gar nicht aus. Sehenswürdigkeiten? Das Schloss vielleicht? Keine Ahnung. Doch der Mann hat nur einen Wunsch: Ich will mir Großostheim ansehen. Da war doch mal die Zentrale von Nintendo. Da wollte ich schon als Kind immer hin».

Das dürfte den Super Klaus allerdings sehr geärgert haben. Also den Herzog im OB Sessel von *Aschebersch*. Doch die hibbeligen Japaner legten nach und warben für den Urlaub in Großostheim auch noch in ihren konsolierten Videospielen. In der deutschen Version von «Secret of Evermore» heißt der Heimatort des Protagonisten tatsächlich Großostheim. Und in Paper Mario «Die Legende vom Äonentor» folgte ein eiskaltes Wortspiel. Der verschneite Ort des Videospiels nennt sich nämlich «Großfrostheim».

Oha! Vielleicht sollten die örtlichen Winzer marketingmäßig doch einen Großfrostheimer Eiswein keltern. Oder die Großbrauerei einen Großfrostheimer Eisbock einmaischen. Das wäre doch mal eine Idee. Gerade jetzt, wo der Super-Mario und seine Monsterfreunde nach *Hesse* verschwunden sind.

Ausgangspunkt.

Vielleicht fragen Sie sich ja, wie einer auf die Schnapsidee kommen kann, so ein Dialekt Wörterbuch zu verfassen. Nun, aus heiterem Himmel ist die Idee nicht gefallen, sie hat natürlich ihre Historie.

2015 hat es mich gereizt, ein Buch über gutes Essen und Trinken zu verfassen. Über erstaunliche Erfahrungen, wenn man selbst in den Töpfen rührt oder wenn man sich anderswo bekochen lässt. Und über die große, kleine und ziemlich verrückte Welt der Sterne-Gastronomie. Im Fokus des Buches sollte eine ehrliche und bodenständige Küche stehen. Ohne Fisimatenten, aus regionalen Zutaten, möglichst als gesundes Bio-Lebens-Mittel serviert. Herausgekommen sind über 220 Seiten mit dem Titel: «Ein Kahler der auszog um richtig essen zu lernen». Am Ende dieses Buches finden Sie dazu alle Informationen.

Das perfekte Dinner

Zugegeben, ich koche viel, gerne und hoffentlich auch ganz gut. Einmal hat es mein Hobby sogar in die TV-Show «Das perfekte Dinner – Wer ist der Profi?» geschafft. Um diese Episode kurz zu machen: Bis zum letzten Tag, an dem ich dran war, hielten mich die anderen Mitkocher für den Profi. Schlussendlich hatte ich zwar genauso viele Punkte wie der tatsächliche Küchenmeister. Trotzdem haben wir zu dritt mit 28 Zählern verloren. Das Rennen machte nämlich ein Wachtmeister aus dem kühlen Norden. Er hatte 32 Punkte. In der Bruzzelpfanne, nicht im Flensburger Sündenregister.

Eine spannende Sache war es schon, nacheinander in Düsseldorf, Köln, Itzehoe und Frankfurt hoch ambitioniert bekocht zu werden, und, davon eingeschüchtert, am Ende auch noch selbst ran zu müssen.

Ich habe mich an den kulinarischen Töpfen schon so manches getraut. Vier Hochzeiten mit teils mehr als hundert Gästen waren dabei. Oder zwei Wochen in einer Villa in der Toskana, wo ich zwölf Freunde rund um die Uhr bekochen durfte. Eine zeitlang habe ich mich auch in überkandidelten Sternetempeln durchgefuttert, um dann ernüchtert und oft nicht satt festzustellen, dass dort auch nur mit Wasser gekocht wird. Die zelebrierte Show ist meistens viel größer und ausschweifender als das servierte Gericht.

Als Marketing Berater habe ich jahrelang das Werbekonzept eines Sternekochs organisiert. Und als Kahler Bub konnte ich den kometenhaften Aufstieg des Internationalen Restaurants «Zum Schwanen» von Manfred Weber hautnah miterleben. Dort habe ich unter vielen anderen Franz Josef Strauß, Willi Brandt, Uwe Seeler und den Prinz von Bayern ein- und ausgehen sehen. Die wurden neben der normalen Kellnerriege von sechs schwarzen Togolesen bedient. Zur Blütezeit des Schwanen arbeitete ich nämlich in der gegenüberliegenden Druckerei, wo Webers Löwen-, Leguan- und Froschschenkel-Speisekarte gedruckt wurden.

Meine Mutter war übrigens für mich die perfekte Köchin. Sie hat den klaren Geschmack für das einfache und gutbürgerliche Essen regelrecht in mich und in meine Geschwister hineingefüttert. Kartoffelgemüse, Senfeier, *Hefeklees im Krobbe*, ein knusprig paniertes Kotelett, Pute mit Rotkraut und *Kadoffelklees, Eierpånnkuche*, Backfisch mit Kartoffelsalat, Dickmilch mit Zucker, Zimt und Bratkartoffeln und vor allem sehr viel knackfrischen Kopfsalat mit Kräutern aus dem eigenen Garten. Mir läuft schon wieder das Wasser im Mund zusammen.

Diese Spannung ist es, die mich damals zur Buchidee vom guten Essen animiert hat. Einerseits beruflich in der ganzen Weltgeschichte unterwegs und von der fantasievollen Gastronomie bekocht, andererseits die starke Sehnsucht nach einfacher, heimischer Küche am Gaumen.

Zwischen dieser kulinarischer Magie und dem schwarzen Maggi ist mein Buch dann ein bisschen ausgeartet. Ich spürte schnell, dass ich größtes Vergnügen empfinde, wenn ich alte Erlebnisse neu aufleben und amüsante Geschichten vom Stapel lassen kann. Als ausufernder Buch-Anhang ist damals auch das sogenannte «Kahlipedia» entstanden. Eine Sammlung von Wörtern und Begriffen, die mich von Kindheit an wie das provinzielle Essen begleitet haben, weil bei uns daheim eben so *gebabbelt* wurde.

Ich muss allerdings gestehen, dass die enge Begrenzung auf «Kahler Wörter» nicht wirklich der Realität entsprochen hat. Denn die Mundart endet ja nicht am *Kahler Sandhås*, am Campingsee oder am *Hörschter Köppsche*. Vielmehr ist der Sprachschatz typisch für die gesamte Region am Untermain, im Kahlgrund, im westlichen Spessart und bis weit hinüber ins Hessische.

Damals schaffte ich es mit Unterstützung von Freunden und alten Kahlern - in Wirklichkeit waren es übrigens Kahlerinnen - gut dreihundert Wörter und Begriffe zusammenzutragen und kurz zu erklären. Wie lückenhaft diese Liste ist, wurde mir schnell vor Augen geführt. Denn kaum hatte ich das Buch unter die Leute gebracht, landeten zig Briefe, Postkarten und E-Mails mit weiteren Wörten, Begriffen, Korrekturen und Anregungen in meinem Briefkasten.

Wörtlich genommen

Die habe ich alle dankbar gesammelt und sofort begonnen, auch selbst noch weiter zu recherchieren. Freunde und Bekannte wurden jetzt in einem deutlich ausgedehnteren Umkreis verhört. Summa Summarum ist die vorliegende *Babbelsammlung* auf weit über anderthalbtausend Wörter angewachsen und mit Gewissheit das umfangreichste Kompendium, das für unsere Region zur Verfügung steht.

Der Entschluss, das ganze wieder in Buchform zu bringen, war dann schnell getroffen. Die einzelnen Wörter sollten jetzt noch besser erklärt und ihre Bedeutung und Herkuft genauer ausfindig gemacht machen. Und da ich beim richtigen Thema auch ganz schnell und gerne ins plaudern gerate, habe ich auch noch einige possenhaft launige Erinnerungen oder Begebenheiten hineinfabuliert, wann und wo immer es gepasst hat.

Im übrigen haben mir die Leser meines ersten Buches nicht nur Wörter und Redewendungen zukommen lassen. Viele waren offenbar von meiner blumigen Art zu schreiben und von meinem scheinbaren Elefantengedächtnis ganz angetan.

Gestohlene Nachtruhe

Eine ältere Dame rief mich zum Beispiel beim Frühstück an, nachdem sie eine fast schlaflose Nacht hinter sich gebracht hatte. Sie wollte mein Buch eigentlich nur mal kurz durchblättern. Doch anscheinend war sie so gefesselt, dass sich erst nach über hundert Seiten das Sandmännchen unwiderruflich meldete. Und ein Schulkamerad, der schon ewig die Frührente genießt, schrieb mir: «Geil Alfons! Bitte mehr davon! Du bist ja krasser als Willy Astor. Schreib noch eins!»

So euphorisch angefeuert, musste ich auch diesem Vokabelbuch einige amüsante Anekdoten mitgeben und den schier endlosen Wortlisten ein paar schmunzelige Zusatzkapitel vorausschicken.

Wenn ich meinen Eltern, die leider nicht mehr leben, erzählen würde, dass ich schon wieder ein Buch schreibe, dann würden sie wahrscheinlich verwundert antworten: «Werklisch? Babbel ned!» So bin auf den Buchtitel gekommen. Meine Mutter sagte übrigens regelmäßig: «Wenn du emol sterbst, misse mer deu Mundwerk extra beärdische». Ich habe den *Unger*, das ist der amtierende Kahler Pietätist, bereits entsprechend instruiert.

Auch das kann zur Festlegung des Buchtitels hinzugefügt werden. «Babbel ned» bezieht sich ausdrücklich nicht auf den deutschen Meisterkicker Markus Babbel. Hier hat unser legendärer Hanauer Rudi für Klarheit gesorgt. Niemals hätte er bei der Mannschaftsaufstellung gesagt: «De Babbel ned». Im Gegenteil. Völler hat sich 2001 sogar mit dem Nationalmannschafts-Aussteiger Babbel getroffen, um ihn zur Rückkehr ins Team zu überreden. In hessischer Mundart natürlich.

Im schönsten Hanauer Platt hat unser Rudi später einmal sogar den bayerischen Weißbier Waldi abgefertigt: «Diesen Scheiß, der då immer gelabert werd, den hör isch mir jetzt seit drei Jåhr an. Wechsel de Beruf, is besser». Geil, es gibt eben nur einen Rudi Völler.

Spaß beiseite und noch etwas zur Sache: Auch dieses Buch ist bestimmt nicht vollständig, das Ende unserer Dialekt Fahnenstange wird sicher auch damit nicht erreicht. Wenn Sie also Wörter oder Begriffe in der Liste vermissen, dann lassen Sie mich das gerne wissen. Wenn eine zweite Auflage des Buches erscheint, werde ich Ihre Vorschläge liebend gerne einarbeiten.

Der Einfachheit halber liegt diesem Buch deshalb eine Postkarte bei, mit der Sie Ihre Anregungen, Korrekturen und Wort-Ergänzungen beitragen können. Am allereinfachsten gehts jedoch per E-Mail: *woerter@babbelned.de*

Metaphorisch.

«Wir machen den Weg frei». «Pack den Tiger in den Tank». «Red Bull verleiht Flügel». Das sind alles methaphorische Ergüsse von Werbetextern, die ein kraftvolles Fantasiebild auf ein bestimmtes Produkt übertragen sollen. Klar, wenn erst einmal der Esso-Tiger im Harley Motorradtank brüllt, dann hat der Nachbar mit seinem rußenden Zweitakt-Mopedgemisch keine Chance. Die hatte er zwar auch vorher nicht. Aber der Werbefritze möchte einfach die Macht der Bilder für seine Reklameüberschrift aktivieren. Blöd ist nur, wenn jemand nach drei Büchsen Red Bull den Freiflug vom Hochhausbalkon antritt.

Im Kahlgrund ist so etwas metaphorisch stimuliertes bereits vorgekommen. An einem schneereichen Wintertag rief ein prospektumworbener Hausbesitzer die örtliche Raiffeisenbank Filiale an. Dabei entspann sich folgender Dialog:

«Gude Morsche, ist do die Raiffeisekass?»

«Ja, Guten Morgen! Was kann ich für Sie tun?»

«Sie kenne jetzt vobeikumme!»

«Wieso vorbeikommen? Haben wir denn einen Termin?»

«Nå, des ned. Des hätt mer ja vorher ach gårned gekunnt. Awwer Sie sehe doch selwer, wieviels heit Nåcht geschneit hot. Also sehn Se zu, dass Se jetzt schleunischst herkumme».

«Das verstehe ich jetzt nicht, was soll ich denn da?»

«Wås Sie do solle?? Ei den viele Schnee wegschiewe».

«Wie bitte?»

«Ja jetzt ned kneife. Letzt Wuch håmmse doch so en Zeddel vodahlt. Do steht: Mir mache de Wäsch frei. Also hopp jetzt!»

Tja, so ist das mit den Metaphern. Die superlativen Neuschöpfungen, Wortspiele und anderen Wortwürztechniken gelten nämlich als besonders werbewirksam. Ein Grund für die Metaphern-Verliebtheit der Werbefuzzis ist ihre unsterbliche Hoffnung, durch eine verquere, überraschende, witzige oder gar rätselhafte Formulierung, maximale Aufmerksamkeit zu erregen. Der Kahlgründer war aber gar nicht erregt. Er sah nur dreissig Zentimeter Schnee vor der Hütte und wusste, einer muss den Weg frei machen. Und zwar am besten einer von der *Raiffeisekass*.

Im vergnüglich schrägen Buch des Aschaffenburger Kabarettisten Norbert Meidhof, «Wer fliegen kann der fliegt», geht es zwar nicht um Red-Bull Flügel, auch wenn der Buchtitel das irgendwie nahelegt. Doch dort habe ich eine Methapher entdeckt, die er mit schwarzem Humor eingeblendet hat. Es geht um die fiktive Aschaffenburger Bestatterfamilie Weber und ganz konkret um deren schwarzen Leichenwagen. Da steht nun:

«Auf die Limousine hintendrauf hatte Sabine einmal den Bausparaufkleber «Wir geben Ihrer Zukunft ein Zuhause» geklebt. Aber da hörte für Ossi der schwarze Humor auf. Mit Benzin musste Sabine alles entfernen».

Hahaha, werden Sie jetzt vielleicht sagen. Aber was hat das mit uns und diesem Buch zu tun? Eine ganze Menge. Wenn zum Beispiel die um Kundschaft buhlenden Geschäfte am Untermain etwas mitteilen wollen, dann kommen ihnen die fantastischsten Metaphern gerade recht. Schauen wir einfach in die regionale Werbung:

Einmal jährlich werden wir zum Beispiel mit dem Slogan «Der Kahlgrund brennt» angefeuert. Ein intensives Bild, auch wenn kein einziger Feuerwehr Löschzug ausrücken muss, sondern sehr bequeme Shuttlebusse von einer Feuer(wasser)stelle zur nächsten *heize*.

Die famosen Kahler Geschäfte sind in ihrer Anzeigenwerbung «Auf dem Weg». Aha, aber auf welchem Weg sind sie mit diesem sagenhaften Wanderversprechen unterwegs? Auf dem Weg nach Nirgendwo? Auf dem Weg zum Kunden? Auf dem Weg zu besserer Werbung? Oder gar auf dem Holzweg? Lassen wir es offen.

Die *Aschebäjer* City Galerie wiederum setzt auf die vielversprechende Genuss-Metapher: Genussvoll shoppen, genussvoll flanieren, genussvoll erleben, heißt es im Internet. Genussvoll parken darf man scheinbar nicht, das wird nämlich als *problemlos* beworben, obwohl ich da beim ein- und ausparken schon ganz anderes erlebt habe.

Aber genussvoll sparen kann man in der *Siddi*. Wie das geht? Ganz einfach. Je mehr sie kaufen, um so mehr können Sie sparen. Eine ganz neue Logik. Sparen Sie sich reich, mit prall gefüllten Einkaufswägen. Wie gut, dass es in der *Siddi* jährlich «Selbsthilfetage» gibt. Die betroffenen Reichgesparten können sich dann zur Schuldnerberatung auf der Aktionsfläche vor dem Kaufhof treffen.

«M-City zieht an», ruft uns aus dem Süden die Miltenberger Einkaufswelt entgegen. Wahrscheinlich soll sich das *anziehen* auf die zahlreichen Modegeschäfte und Klamotten-Factory-Outlets beziehen. Meinen Blick hat jedoch angezogen, als Mitte 2018 auf der Webseite immer noch für den Miltenberger Weinherbst im September 2017 geworben wird. Klasse! Das zieht leider gar nicht an. Sondern zieht einem die Schuhe aus. *Gude Nächt, schloof gut.*

Ganz toll ist auch der Slogan für die innerstädtische Werbeinitiative «Leben findet Innen Stadt». Diese Knalleridee mit der Innenstadt-Metapher hatte das «Sachgebiet Städtebauförderung im Bayerischen Staatsministerium für Wohnen, Bau und Verkehr». Das hat auch in *Aschebersch* sofort freudigste Anhänger gefunden. Man muss den Spruch zwar zweimal lesen, aber dann stellt sich große Bewunderung ein. So viel metaphorische Kreativität würde man einer Behörde eigentlich gar nicht zutrauen.

Die Offenbacher fassen sich kurz: «Offenbach ist ein Erlebnis!» So wird jedenfalls das Offenbacher Karree vorgestellt, abgekürzt BID. *Business Improvement District.* Sehr cool. Das generiert echte Einkaufslust. Hoffentlich denken die *Offebacher* dran, vorher noch ein *Automobilist Impro-*

vement District einzurichten. Sorry, aber dieser Kalauer musste jetzt unbedingt sein.

Und unser Wörterbuch? Das ist *raggelvoll* mit Metaphern. Nehmen wir als Beispiel das legendäre *Håsebrot* (Seite 112), das rein gar nichts mit einem Hasen zu tun hat. Aber sobald man den übrig gebliebenen Pausebroten das Hasenmärchen andichtet, stürzen sich alle Kinder mümmelnd auf die Reste.

Klōr wie Kleesbrieh (Seite 131) ist ein weiteres Beispiel. Das eigentlich eher trübe Kochwasser der Kartoffelklöße muss immer dann Pate stehen, wenn ein Thema glasklar und einleuchtend ist, also keinen Widerspruch duldet. Dann *fällt nämlich de Grosche* und *de Saafesieder geht uff.* Aber auch der hier bemühte Seifensud war noch niemals klar. Gucken Sie einfach nachher in der Wörterliste, was damit ursprünglich gemeint war.

Das *Långe Hånduch* (Seite 141) ist auch so eine bildhafte Metapher und natürlich nicht in einer Bade- und Saunalandschaft, oder auf einer reservierten Mallorca Strandliege zu finden. So hieß früher vielmehr die kerzengerade Strecke zwischen Seligenstadt und Obernburg, an der es damals laufend gewaltig gekracht hat. Kennen Sie ein zweites, unfallträchtiges Handtuch? Ich nicht.

Der *Ludderbock* (Seite 145) ist sogar eine Metapher mit biblischem Ausmaß. Damit wurden früher die Evangelen von den Katholen religionsversessen geschmäht. Mit dem Bock war übrigens der israelitische Sündenbock gemeint. Ein leibhaftiger Schaf- oder Ziegenbock, auf den in biblischer Zeit ein Priester die Schuld der ganzen Gemeinde übertrug. Und der wurde dann in die Wüste getrieben. Also der Bock. Böse, böse. Und nur in der Einbildung erfolgreich.

Und wenn ein verliebter *Scherzejäscher* mit einer Bambule *Schießbudesekt* zu seinem ersten Rendezvous *droddelt,* dann ist er natürlich *dumm wie Schifferscheiße.* Selbst wenn dieser *Trauerlabbe* seinen *Sonndåchstaat* anhat und seinen Minnesang mit der *Quetschkommode* begleiten würde. Das waren jetzt Sieben auf einen Streich. Ich denke das Thema ist klar.

Total metaphorisch wird es noch einmal im Spitznamenkapitel, das auf Seite 234 beginnt. Da hagelt es geradezu die Metaphern. Kein Bildervergleich war zu übel, um ihn nicht doch noch den Bewohnern der Nachbarortschaft an den Hals zu dichten.

Vom Stehkragen über Lumpen und Zigeuner, bis hin zum Schlot reicht die giftig gesalzene Beschimpfungspoesie. Wie weiland in Brehms Tierleben, werden Hase, Esel, Rehbock, Dachs, Krähe, Kibitz, Kuckuck, Schnecke, Wanze und Floh aufgerufen. Wer dieses Kapitel hinter sich gebracht hat, der weiß dann auch, wo sich die Backofedrescher, Besenschweizer, Schubkarrnschieber, Herrgottsdiebe, Zweireiher und Pfennigfuchser versteckt halten.

Ganz am Ende kommt auch noch das Kapitel mit den Autonummern. Hier werden die spöttischsten Metaphern in maximal drei Buchstaben verdichtet. Nehmen wir AB als Beispiel. Angeblich «Alles Bestens». Das glauben aber nur die *Aschebäjer* selbst. Was uns die AB Nummer tatsächlich über Ihre Fahrzeugführer verrät, steht auf Seite 254.

Noch was nahezu metaphorisches und engagiert nachdenkliches zum Schluss: Ich kam gerade aus Chemnitz zurück, wo ich sehr gerne ein Riesenbanner am Karl Marx *Nischl* gesehen habe: «Chemnitz ist weder grau noch braun». Zuhause liegt das Mainecho auf dem Tisch. Auf der Titelseite geht es ums gleiche Thema. Und da hat mir ein abgebildetes Demo-Plakat noch besser gefallen: «(B)untermain». Das ist wirklich kreativ. Statt weder/noch, klar sagen was wir sind. Die Zeiten, als braune Brühe den (B)Untermain hinabfloss, müssen überstanden bleiben. Auch wenn manche versuchen, wieder braune *Kacke* einzuleiten. Aufpassen. Wir sind bunt. Und wir sind auch Kläranlage. Klar.

Lautmalerei.

Der Dialekt hat in jeder Region seine eigenwillige Ausfärbung. An der Uni würde ein Dozent vielleicht sagen, dass wir es mit oralen Lautgebärden zu tun haben.

Im Ursprung kommt das Wort Dialekt vom griechischen *diálektos* und heißt Gespräch, Redeweise. Wer will, kann auch das Wort Dialog heraushören. Das ist doch schön. Dialekt ist also die regional verschiedene Art, wie sich die Leute miteinander unterhalten. Wie sie *babbele*.

Natürlich schert sich die Aussprache einen feuchten Kehricht darum, ob so ein Dialektausdruck auch in der Schriftsprache wiedergegeben werden kann. Und genau da haben wir den Salat. Der Versuch nämlich, den Leuten ihre originellsten Wörter und Sprüche zunächst von den Lippen abzulesen, und sie dann schriftlich festzuhalten, muss auf dem Papier scheitern. Es sei denn, man lässt sich auf Kompromisse ein, findet buchstabierte Umwege und formal-komische Notnägel.

Die größte Herausforderung ist dabei übrigens das A, das in unserer Region meist wie eine verschwurbelte Mixtur aus A und O ausgesprochen wird. So etwa, wie man im Englischen die Wörter *Walk* oder *Talk* ausspricht. Und wenn wir schon dabei sind: Dem O ergeht es in vielen Wörtern auch nicht viel besser.

Norbert und sein falsches O

Lassen Sie mich hier eine Anekdote aus meiner Schulzeit einfügen. Denn dieser A/O Umstand, quasi das allgegenwärtige Alpha und Omega unseres Dialektes, ist mir bereits ins Auge gestochen, als ich eingeschult wurde. Schlaumeierisch meldete ich damals dem Fräulein Lehrerin, was mir beim Üben des Alphabetes aufgefallen war. Es fehlt eindeutig ein Buchstabe. Ein Selbstlaut. Auf diese Entdeckung war ich stolz wie Oskar und kam mir so gescheit vor, als hätte ich gerade das Erstklässler Abitur abgelegt.

Mein Cousin heißt Norbert und das O in seinem Norbert wird ganz offensichtlich nicht wie ein normales O ausgesprochen. Es klingt vielmehr wie eine Mischung aus O und A. Jedenfalls völlig anders, als das O bei Oma, bei Onkel, Tomate, Mottenpulver oder Atom. Probieren Sie es am besten selbst an weiteren Beispielen aus: Norbert, Kornfeld, Korb, Vordergasse, Wortschatz und so fort. Alle diese Wörter werden eindeutig nicht mit Omas Sonntags-Kommunion-Hostien-O ausgesprochen.

Am deutlichsten hört man den vermissten Zusatzvokal heraus, wenn man die Wörter paarweise zusammen spricht. Versuchen Sie es damit: Norbert und Alfons, Opas Korb, verdorrte Rose, rote Borde, großes Portemonnaie. Scheinbar immer dann, wenn dem O ein R folgt, braucht es, zumindest meiner erstklassischen Erstklässler Studie zufolge, einen weiteren Selbstlaut, eben so eine Art OA.

Aber oberlehrerinnenhaft belehrt, musste der kleine Alfons damals nachgeben, weil doch alles seine Richtigkeit hatte. Es ist einfach nur unser eigenwillig klingender Dialekt, der das runde O zum unrunden, leicht genäselt ausgesprochenen OA macht. Weder der Duden noch die Schulbücher wurden bis heute angepasst.

Sag mal schön A

Das gleiche, dann aber nicht mehr gemeldete Erlebnis, hatte ich später auch beim A. Halleluja. Bei dieser Lobpreisung ist zwar das A noch eindeutig ein A. Genau so sauber wie das klare Aaaaah, das ich immer sehr lang gezogen rauslassen musste, wenn der Onkel Doktor einen Blick auf meine von der Angina geschwollenen Mandeln werfen wollte. «Alfons, sag mal schööön Aaaa!» Hier hätte ein OA dem *Aschbäjer* HNO Arzt Dr. Aders den Durchblick erheblich erschwert.

Denn für das dialektgeformte OA muss man die Klappe ja nicht ganz so weit aufreißen.

Wie klingt es also, wenn wir ganz viele Wörter mit einem A-Vokal über unsere OA Heimatzunge treiben, statt sie mit dem hell klingenden Medizinal A auszusprechen? Hier in der Gegend sagt ja kein Mensch mit breit geöffnetem Mund *Håns* oder *Frånz*. Oder *Mågen* und *Sågen*. Oder *Håhnekåmm*. Oder *Hånnebåmbel*. Immer aufs Neue hören wir eindeutig dieses geschlossener gesprochene OA.

Probieren Sie einfach diese A/OA Kombinationen aus: *Isch håb Båmmel vorm Barras*. Oder: *Der Haderlumpe ist en Håsefuß*. Oder: *De Graf von Hånau kånns aach ånnerst*.

Man müsste *hoab, Boammel, Hoasefuß, koann, Hoanau* und *oannerst* schreiben, um der regionalen Zunge auch in der schriftlichen Form halbwegs gerecht zu werden.

Häufig haben wir ein vergleichbares Schreib-Problem auch bei den E-I Verbindungen. *Mein Schein*, wäre in der Schriftversion mit *Moin Schoi* halbwegs getroffen. Deutlich besser wäre aber das obige OA, kombiniert mit einem I. Also *Moain Schoai*. Doch spätestens jetzt wird es allzu kurios und auch nahezu unlesbar.

Zumal wir dann auch noch mit Ottos ostfriesischem *Moin Moin* kollidieren würden. Witzigerweise macht sich das bei uns immer mehr breit. Eigentlich reicht hierzulande ein ganz gewöhnliches *Moin*. Manchmal mit angehängtem D: *Moind*. Und schon ein paar Ortschaften weiter, kann auch ein *Moaische* oder *Morsche* draus werden. Mancherorts sagt man traditionell auch noch *Grüß Gott*, vor allem je näher es in Richtung Würzburger Bischofssitz geht.

Pfarrer, Nonnen und andere Ehrwürden wurden früher übrigens rund um die Uhr mit «Gelobt sei Jesus Christus» begrüßt, dazu wurde artig der Hut gezogen. Die Geistlichkeit antwortete nickend, manchmal segnend: «In Ewigkeit Amen». Das wurde aber 1933 abrupt abgeschafft. Denn im tausendjährigen Reich hatte man mit *Heil Hitler* zu grüßen.

Das *Grüß Gott* galt besonders bei offiziellen Anlässen als Provokation und wurde von den Nazis streng sanktioniert.

Am Untermain benutzt man das *Grüß Gott* heute nur äußerst sparsam und ist je nach Uhrzeit differenzierend: *Moin! Tach! Nöwend! Nåcht! Schloof gud!* Die Jugend ersetzt inzwischen fast jeden Gruß einfach durch ein *Hi* oder *Hallo*.

Weil wir gerade bei den Tageszeiten sind, die Uhrzeit ist auch so eine Sache. In Alzenau heißt es ganz klar: *Zeh, vertel Elf, halwer Elf, dreivertel Elf, Elf.* An anderen Orten geht es etwas formelhafter zu. Da ist es *verdel nåch Zeh* oder *verdel vor Elf.* Aber nur bei der Zeit. Das Bierglas ist nämlich überall dreiviertels voll oder je nach Optimismus, noch halber voll oder schon halber leer. Kein Mensch würde sagen: Mein Bierglas ist *verdel vor leer.* Richtig ist sowieso nur: *Isch håb Dorscht! Mach mer noch ååns.*

Aus *de Wätschaft* kehren wir wieder zurück zu unseren verschwurbelten A, E, I, O, U Buchstaben. Denn Sie hören und spüren sicher, um so ein Wörterbuch für die Region zu schreiben, müssen ein paar Notbehelfe her.

Leider hat sich der deutsch geschriebene Sprachschatz nie auf die Verwendung von Akzenten und anderen Buchstaben-Ergänzungszeichen eingelassen. Die meisten unserer europäischen Nachbarn machen das ganz anders. Die Griechen, die Spanier, die Italiener, die Franzosen, die Skandinavier und noch einige mehr. Für die Betonung, lautmalerische Verformung und Dehnung von Buchstaben oder ganzen Silben haben sie nämlich mehrere kunstvolle Zusatzstriche, Bögen, Dächer und Kringel erfunden. Akzent Akut, Gravis, Trema, Cedille, Tilde, Zirkumflex oder den nordischen Akzent.

Für eine verständliche Schreibweise des unentbehrlichen OA bin ich bei meinen Recherchen im »Kahlgrünner Wörderbuch« fündig geworden. Der Verfasser Reinhold Hein hat sich dort klugerweise beim Nordischen Akzent bedient. Die Skandinavier zeichnen nämlich einfach einen kleinen

Kringel über das Å/å und schon håt sichs. Diese Methodik habe ich dankbar aufgegriffen.

Als ich mir dann die vollständige Liste der alphabetischen Sonderzeichen angeschaut habe, bin ich auch beim O fündig geworden. Ich verpasse also ab jetzt dem klangverfärbten O einen oberen Querstrich, ein sogenanntes Makron. Wer es wissenschaftlich hören will, das ist ein diakritisches Zeichen und sieht geschrieben so aus: ō/Ō.

Eine bewusste Ausnahme habe ich bei den vielen Wörtern gemacht, die mit der deutschen Vorsilbe *Ver* beginnen. Verkaufen, vergessen, verludert, vermöbelt, verknallt, verheiratet, verpeilt, verschieden. Mundartlich wird dieses *Ver* ja wie ein *vō* ausgesprochen, also mit geschlossenem, stumpfem O. Trotzdem stehen die *Ver*-Wörter in der Liste wie bei Konrad Duden, also mit normalem *Ver*. Sie kommen in unserem Dialekt so häufig vor, die wollte ich einfach nicht alle *vogewaldische*. Und komisch aussehen tuts auch.

Beim *Ei* verwende ich meist ein *Eu*, auch wenn es der tatsächlichen Aussprache nicht immer ganz das Wasser reichen kann. Aus *mein und dein* wird also *meun und deun*. Beim *Eu* selbst bin ich dann aber beim *Eu* geblieben. Das *freut uns heut*. Das Schriftbild *Froit uns hoit* würde die *Leut* vielleicht doch *e bissje uffrehsche*.

Kommen wir jetzt noch zu den Laut-Dehnungen, wie sie zum Beispiel beim *tratschen* zu finden sind. Die gedehnte Aussprache eines Buchstabens ist entweder mit einer Verdoppelung oder mit eingefügtem *H* kenntlich gemacht. Man muss schließlich wissen, ob jemand geschwätzig *traatscht* oder ob es draußen gerade wolkenbruchartig *trattscht*.

Ganz typisch für unsere Aussprache ist zudem, dass ein S am Wortanfang meistens zum *Sch* wird, zumindest wenn ihm ein T oder P folgt. Nur ein Hamburger kann *stolz auf einen spitzen Stein stoßen*. Hierzulande *schtoße mir schtolz uff en schpitze Schtå*. Wenn nun etwas sprachlich so restlos durchgängig ist, wie eben das zum *Sch* verformte S, ganz ähnlich wie das vorher besprochene *Ver*, dann hebe ich es in diesem Vokabelheft ebenfalls nicht extra hervor. Das S am Anfang bleibt daher in der Auflistung meistens auch ein S. Ohne irgendwelche *spetzjelle Spirenzjen*.

Und zack, schon haben wir wieder so einen ulkigen Dialektbuchstaben auf frischer Tat ertappt, das Jott. Das Jott ersetzt nämlich in unserer Aussprache gerne andere Buchstaben, das CH zum Beispiel.

Vor allem im Deminutiv, also in der Verniedlichungsform, ist das Jott durchgängig anzutreffen. Aus *Bobbes* wird *Bobbesje* und aus dem *Spatz* wird ein *Spätzje*. Daher habe ich bei den hier gesammelten Wörtern und Redensarten immer ein Jott eingefügt, wenn es lautmalerisch gepasst hat. *Als Aschebäjer wolle mir jå kå Mätzjen mache.*

Übrigens, bitten Sie doch einmal einen Berliner, zum Spaß das majestätische Wort Bürgermeister, also *Båjemåsder* richtig auszusprechen. Erstens: Er kann es nicht. Zweitens: Seine hauptstädtische und von vielen *janz juten Buletten* verformte Zunge wird es niemals können. Und drittens: Sie werden viel Spaß an seiner Zungenakrobatik haben. Ich weiß wovon ich rede. Mein Bruder hat nach Berlin *geheijert.*

So wie der urlaubende Berliner den *Båjemåster* nicht hinkriegt, so wenig kann unsere Zunge ein durchgehend sauberes *CH* hervorbringen. Da hängen wir nämlich gerne ein S davor. Oder wir verkürzen mit hartem X. *Rischdisch*! *Mescht nix.* Mit *Sch* und *X* lassen sich die betroffenen Wörter ganz gut schreiben und lesen.

Ein X für ein U

Neugierig wie ich nun mal bin, habe ich an dieser Stelle bei Wikipedia nachgelesen, warum sich der Volksmund kein X für ein U vormachen lässt. Jetzt weiß ich es endlich:

Der Ursprung dieser Redewendung liegt in den römischen Buchstaben-Zahlen. So kann der Buchstabe V, der für die Zahl 5 steht, durch eine simple Verlängerung der beiden

Striche nach unten zum Buchstaben X umgeschrieben werden, der dann für die Zahl 10 steht. Somit haben wir jetzt
eine Verdoppelung der Zahl. So kam es zu der Redewendung
«X für ein U». Gemeint war damit früher die betrügerische
Manipulation von Rechnungen, zum Beispiel bei Geldver-
leihern und Gastwirten. Hört! Hört!

Unser heutiges U hat sich ja aus der römischen Schreibweise des V gebildet. Schauen Sie mal in Kahl, das evangelische Pfarrheim ist mit GEMEINDEHAVS beschriftet. Als
Schüler hat mich dieser «Schreibfehler» sehr irritiert.

Noch etwas zartes, bevor wir die Dialekt Lektion been-
den. Hart klingende Buchstaben landen bei uns meistens
in einem weichen Zungenschlag. Zwar sind wir da längst
nicht so zärtlich konsequent wie der Franke in *Wärzborsch*,
Hof oder *Båmbersch*. Der Petrus wird hierzulande also nicht
zum *Beedruss*. Aber der Telefonapparat ist natürlich ein
Dellefonabberad. Ein gutes Beispiel, denn nicht nur das P,
sondern auch das T haben wir eingeweicht, wie *e drocke
Brödsche*. Beim *Droddel* gleich dreimal hintereinander.

Kleinen Moment - *Dellefonabberad*. Jetzt muss ich mir
doch Luft machen. Erinnern Sie sich noch, wie uns die Tele-
fon-Post früher behandelt hat, als sie noch das Monopol
hatte? Alles war streng reglementiert. Man durfte keine
Brokathülle drüberstülpen. Keinen Telefonlautsprecher
oder Anrufbeantworter anschließen und nie die Telefondose
aufschrauben. Es gab kein Mobilteil, höchstens per Antrag
sieben Meter Verlängerungskabel, das natürlich ein Post-
techniker anschließen musste und monatliche Gebühren
auslöste. Zusätzlich zu der Grundgebühr von 21 Mark und
den 23 Pfennig je Gesprächseinheit, die bei einem Fernruf
maximal zehn Sekunden dauerte. Zum Glück hing wenigstens am Telefonhäuschen das Schild: «Fasse dich kurz!»

Als später das Telefaxgerät kam, erzählte die Post allen Ernstes, dass für den Anschluss der zwei Drähte eine
Spezialsteckdose erforderlich ist. Wieder kamen Monteure,

wieder kamen Gebühren. Später stellte die Post gönnerhaft ein grünes und orangenes Telefon vor, natürlich auch nur gegen höhere Gebühren zu haben. Und gegen noch höheres Aufgeld bekam man sogar ein Tastentelefon. Das klingelte auch nicht mehr, sondern meldete den Anruf mit einem astral klingenden Düddellüdüddellü. Viele glauben, das sei aber doch Jahrzehnte her. Oh nein. Erst 1998 fand dieser verrückte Beamten-Spuk sein Ende.

Fahren wir lieber wieder im Dialektalphabet fort. Aus dem K oder CK wird meist ein doppelt gesprochenes, aufgeweichtes G. *Euseggele, zaggern, waggele und zuggele.* Unser Mundwerk schafft das Doppel G sogar im Wechsel, erst weicher, dann härter. Zum Beispiel wenn wir und einen *Muggefuck* aus der Caro Dose aufbrühen.

Fuggern ist übrigens auch verzaubert. Die Mitglieder der mittalalterlichen Händler-Dynastie im Schwabenländle, haben sich nämlich erst 1380 für das Doppel-G entschieden. Warum weiß heute niemand mehr. Vorher schrieben sie sich nämlich tatsächlich Fucker. Ein Glück, denn was Fucker neudeutsch heißt, muss ich ja wohl nicht erklären. Das brächte viel zu viel Härte in meinen Aufsatz. Der belgische Kicker Kevin De Bruyne musste nämlich einmal 20.000 Euro Strafe zahlen, weil er einen Frankfurter Balljungen mit *Motherfucker* beschimpft hatte.

Ein letztes Thema ist mir beim Schreiben noch in die Quere gekommen, nämlich die bestimmten und unbestimmten Artikel. Auch damit geht das Mundwerk der Region höchst eigensinnig um. Es kann sogar passieren, dass sich die eine Ortschaft an den Duden hält, während die andere die *Der* und *Die* Artikel einfach umtauscht.

Wir hören also entweder *die Brille* oder *der Brill.* Der obere Kahlgründer fragt sich nämlich: *Wo issen meun Brell, ich such de Brell schon de gânze Owend.* Das gilt auch für *de Eis,* und *de Schoklååd,* also für das Eisbällchen und die Schokolade. *Bass uff, dass der de Eis ned devoolääft.*

Ebenso merkwürdiges passiert mancherorts übrigens auch den Mädchen, die im Dialekt oft versächlicht werden. Meine beiden Cousinen in Elsenfeld, die etwa in meinem Alter waren, wurden damals nicht als die Doris und die Hildegard vorgestellt. Vielmehr wurde immer von *es Doris* und *es Hildegard* geredet. Meine wesentlich ältere Cousine Marga war dann aber bereits die Marga, ihre Tochter wiederum wurde immer *es Judda* gerufen. Selbstverständlich war es unvorstellbar, meine beiden Cousins *es Ginder* und *es Alwies* zu nennen. Wir lernen: Mädchen sind *das Kind*, ein Bub ist *der Sohn*.

Zum Glück mischt sich in diese Geschlechts-Betrachtung nicht auch noch das regulierungswütige Europaparlament ein. Denn die Sonne, in Deutschland grammatikalisch feminin, ist in Frankreich, Spanien und Italien ein Maskulinum. Der bei uns männlich artikulierte Mond wiederum, dreht sich in anderen Ländern als weiblicher Trabant um die Erde.

Wohin die geschlechtliche Wort-Turnerei führt, verrät uns ein Landwirt, der sich etwas zu trinken bestellt. Hieß es tagsüber noch *der Weizen* und *das Korn*, so ist es am Stammtisch *das Weizen* und *der Korn*. Wobei, das ist jetzt natürlich ein Witz.

Über das Artikelproblem stolperte auch der bayerische Ministerpräsident Markus Söder, als er einst nach Rom pilgerte. Er twitterte: «Heute Besuch des Heiligen Vaters im Vatikan». Die Presse machte sich sofort lustig: Der Papst besucht den Vatikan? Oder wie, oder was? Das Problem haben die Franken ständig: Am Wochenende Besuch der Eltern. Im September Beginn der Schule.

Vokabularium.

Auswahl der Wörter

Ich habe keine Wörter in die Liste aufgenommen, die durch den Dialekt nur in der Aussprache verändert sind. Die auch noch alle aufzulisten, hätte einen sehr dicken *Wälzer* ergeben, eine Art Regional-Duden. Es gibt also kein *Laafe* statt Laufen und kein Håmwäsch statt Heimweg. Das Buch sammelt auch keine Redensarten, die einen ganzen Satz umfassen. Auch das hätte die Seitenzahl gesprengt.

Ich habe mich auf Wörter konzentriert, deren Sinn nicht unmittelbar zur Bedeutung passt. *Fuxe* etwa, hat ja nichts mit dem Fuchs zu tun. Doch es gibt Grenzfälle. *En mords Brogge* kann auch ein pumperlrundes Kleinkind, ein *Wonneproppe* sein. Oder es *leit en große Brogge Awweit* vor mir. Dicke *Kadoffelklees* oder ein gegrillter *Haxe,* können auch *en gånz scheene Brogge* sein. Zudem kann man sich komplizierte Situationen auch *selwer eubrogge*.

Anmerkung zur Schreibweise

Ich wollte es nicht übertreiben. Sobald man nämlich penibel versucht, alle klanglichen Wortverfärbungen buchstabengetreu darzustellen, wird es unleserlich.

Ich habe mir das extra im Langenscheidt Wörterbuch «Hessisch» angeschaut, wo man jedes Wort mühselig auf der Zunge nachbauen muss. Zum Beispiel *Buddäprood, Doaschd, fämmuägse, Gewiddähäggs, Maacheschmäddse, Saldsschdängelschä, schbiddskrieje* und so weiter. Auch wenn alles richtig buchstabiert ist, diesen Extrem-Sprachunterricht wollte ich dann doch nicht verzapfen.

Eine gute Empfehlung: Sollte Ihnen ein Wort in der Dialekt Schreibweise etwas komisch vorkommen, dann hilft es weiter, wenn Sie es einfach laut vorlesen.

Markierungen, Regeln, Symbole

Å/å

Der nordische Akzent ersetzt durchgehend das lautmalerisch gesprochene OA. Beispiel: Flåmme, Månn, Dåmpf usw. Ausgesprochen wie das englische *Walk* oder *Talk*.

Ō/ō

Das Ō mit Makron markiert Wörter, bei denen das O stumpfer gesprochen wird. Spört, fört und Mörd usw.

Eu

Bleibt auch geschrieben ein Eu. Beispiel: Freund. Eine Umwandlung in ein Oi ist klanglich nicht passender, wäre aber wie beim Beispiel *Froind* schwerer zu lesen.

S

Das S bleibt ein S, auch wenn es wie Sch gesprochen wird.

Ver

Ver- bleibt ver-, auch wenn es vo gesprochen wird.

Dehnungen

Buchstaben oder Silben die gedehnt gesprochen werden, sind mit einem Doppelbuchstaben oder einem eingefügten H geschrieben. Zum Beispiel: Bagaasch oder Kafruhse.

Piktogramme

Q Der Sprechblase folgen typische Redensarten, die das aktuelle Wort umgangssprachlich illustrieren.

≣ Das Aufzählungs-Symbol markiert zusätzliche Erklärungen zum Ursprung des Wortes und der Wortbedeutung.

@ Die Büroklammer kennzeichnet Anekdoten, Erlebnisse und Geschichten, die mir zum vorgestellten Wort in den Kopf gekommen sind oder die mir zugetragen wurden.

→ Der Pfeil verweist auf weitere Wörter der Liste, mit ähnlicher oder gleicher Bedeutung oder auf Begriffe, die sinngemäß dazupassen.

A

Abeh

Abort, Toilette, Lokus, Klo-Häuschen.

@ Früher war die Toilette nicht innerhalb des Hauses, sondern man musste über den Hof gehen. Nachts und besonders in der kalten Jahreszeit war das sehr unangenehm. Deshalb hatte jeder unter dem Bett ein → Dibbsche.

Es gab auch nicht überall Toilettenpapier, schon gar kein dreilagig geblümtes. Ersatzweise wurde die Tageszeitung klein *geschnibbelt* und bereitgelegt. Gespült wurde, wenn überhaupt, mit Eimer oder Gießkanne.

Abberad

Telefon.

Q Geh mol an de Abberad, deu Modder is drän.

@ Das Handy ist natürlich kein *Abberad* mehr. Aber als die Telefone noch groß und schwarz waren und eine Wählscheibe hatten, sagte man *Abberad* dazu. Früher hatten die wenigen *Abberade* im Ort noch zweistellige Rufnummern.

Vor allem Geschäftsleute hatten einen Anschluss, also telefonierte die ganze Nachbarschaft im seltenen Bedarfsfall beim Metzger oder Bäcker. Erst in den siebziger Jahren vebreitete sich das Telefon in fast jeden Haushalt.

Abbo

Appetit, guten Hunger.

Q Vor dem Essen: En gude Abbo.

Åbdåmpfe

Von der Bildfläche verschwinden, abziehen, sich verkrümeln, sich *verdünnisiern*.

Q Dåmpf ab, du gehst mer uffen Geist.

Åbdritt

Toilette, Donnerbalken, *Scheißhaus*. → Abeh.

Äbbes
Etwas, eine unbestimmte Sache, so etwa wie «Dings».
Q Do is äbbes. Mach äbbes. Hol äbbes. Såch äbbes.

Äbschd
Komisch, unpassend.

Ärmelschoner
Futterüberzug am unteren Ärmelteil.
≡ Sollte den unteren Ärmelteil am Hemd oder Pullover davor schützen, vorzeitig *åbgewetzt* und damit löcherig zu werden. War bei Schülern genauso gebräuchlich wie bei Beamten und Büroangestellten.

Åbgehärmst
Müde, abgespannt.

Åbgejuggelt
Heruntergekommen, abgenutzt, abgesessen, ausgeleiert.
Q Euer Sofa is gånz schee åbgejuggelt.

Åbknöbbe
Bei einem Geld kassieren, der aber nicht gern bezahlt.

Åbkratze
Derb für sterben. Das Zeitliche segnen. → Åbnibbele.

Åbluxe
Jemandem etwas sehr trickreich abnehmen.
≡ Kinder sammeln Fußballbilder, Erwachsene Briefmarken. Manchmal muss man Tricks und Überredungskünste einsetzen, um einem anderen ein begehrtes Teil *åbzuluxe*.

Åbmurkse
Jemanden *ums Eck bringe*, umbringen. → Kaldmache.

Åbnibbele
Sterben. → Åbkratze.

Abrahams Worschtkessel
Mysteriöser Herkunftsort der Menschheit.
Q Domols wårst du noch in Abrahams Worschtkessel.

Åbsagger
Ein allerletztes Getränk, bevor man heim geht. ⇢ Schnitt.

Åchtbasse
Aufpassen, achtgeben.

Ackern
Anstrengen, abrackern.

Aff
Affe. *De Aff mache*, sich lächerlich, zum Gespött machen.

Alla
Auf gehts, vorwärts! Auch *Alleehopp.*

Alle Quardal
Etwas seltener als ⇢ alle Ritt, ungefähr vierteljährlich. Bei kürzeren Abständen sagt man auch *Alle Halblång.*

Allerherrgottsfrieh
Sehr früh am Morgen.

Alle Ritt
Immer wieder aufs Neue, erneut, wiederholt.
Ϙ Der håt alle Ritt e ånner Idee.

Allerwertester
Der Hintern. ⇢ Bobbo. ⇢ Bobbes.

Alle Schlååch lång
Dauernd, immer wieder.
Ϙ Der kimmt alle Schlååch lång hier vobei.

Alleweil
Gerade eben, jetzt.
Ϙ Alleweil hots geschnackelt.

Allmäschdischer
Ausruf der Verwunderung oder des Entsetzens.

Allmoi
Egoist. Denkt nur an sich, beansprucht alles für sich.

Als
Anhaltend, immerzu. *Als weider mache.*

Alsemool
Manchmal.

Ammischlutt
Abfällig für eine Frau, die sich nach dem Krieg mit einem amerikanischen Soldaten, einem *Ammi* einließ.

@ Nach dem Krieg waren die Männer knapp. Viele waren gefallen, vermisst, in Gefangenschaft, kamen verwundet oder mit fehlenden Gliedmaßen zurück. Das öffnete den Blick der Frauen über die Ortsgrenzen hinaus. In unserer Region waren zehntausende Amerikaner stationiert, vor allem in den Kasernen im Hanauer Lamboyviertel, in Wolfgang, Gelnhausen, Aschaffenburg und Babenhausen.
In Hanau und Aschaffenburg entwickelte sich die Ami-Szene mit Bars und Nachtclubs. So kam der Jazz, die *Neschermusik* zu uns. Man ging tanzen, lernte sich näher kennen und natürlich entwickelten sich Beziehungen und Ehen. Deutsche Frauen, die sich irgendwie mit Amerikanern einließen, waren beim Normalotto als *Ammischlutt* verschrieen.

@ Es gab auch sogenannte *Taxigirls*. Die waren entweder in den Bars angestellt oder auf eigene Kasse unterwegs. Gegen ein festgesetztes Entgelt konnte man eine oder mehrere Runden mit ihnen tanzen. Manche Damen boten natürlich auch darüber hinausgehende Dienste an. Die wurden übrigens oft mit der sogenannten *Bettkantenwährung* bezahlt. Das waren *Nylons*, also Nylonstrümpfe, die es in den Nachkriegsjahren nicht zu kaufen gab. Nur eben bei den *Ammis* und die verwendeten sie wie ein Zahlungsmittel.

Amerikåner
Rundes, süßes Kaffeestückchen mit dicker Zuckerglasur.

Ånbennele
Auf jemanden zugehen, anfreunden, einen Flirtversuch unternehmen. Auch ein Geschäft kann man *anbennele*.

Ångeschiggert
Leicht angetrunken, angeheitert.

Ånke
Der Nacken.

:≡ Man kann jemandem mit der Handkante einen Schlag in die *Ånke* geben. Beim Friseur wird die *Ånke* ausrasiert. Und wer ängstlich ist, der zieht nicht nur den Schwanz ein, sondern auch die *Ånke*.

Ånrånze
Jemanden anmeckern, *zåmmescheiße*.

Ånstalt
Öffentliche Einrichtung

:≡ Schulen, Kindergärten, Erziehungseinrichtungen usw. werden als Anstalt bezeichnet. Auch Badeanstalt, Heilanstalt, Strafanstalt, Haftanstalt, Versicherungsanstalt.

Ånstalde
Etwas anfangen, sich in Bewegung setzen.

Q Der mescht keinerlei Ånstalde.

Ånstelle
Etwas Unerlaubtes machen.

Ånstiffele
Jemanden zu etwas verbotenem anstiften, überreden.

Ånno Duback
Einstmals, zu früheren Zeiten.

Aschkitzel
Die leicht haarigen Früchte der Hagebutte oder → Hiffe.

@ Jemandem eine Hagebutte unters Hemd zu *bugsiern,* ist ein beliebter Bubenscherz. Die feinen Härchen wirken bis hinunter zum *Bobbes* wie Juckpulver. Die Schadenfreude ist groß, wenn der andere dann nicht aufhören kann, sich den → Buggl zu kratzen.

Ast
Die Schulter, manchmal auch der ganze Rücken.

Aste
Sich anstrengen. Schwer arbeiten. → Malooche.

Atzel
Elster.
≔ Bekanntlich ist die Elster ein diebischer Vogel. Deswegen
sagt man auch *atzele*, wenn einer beim anderen etwas ent-
wendet, verschwinden lässt.

Aufgalopp
Prominenzauflauf, Startschuss, Auftakt.
≔ Ein Wort vom Pferdesport, gilt aber auch für den Auftakt
einer Veranstaltung, oder wenn die Prominenz zum Beispiel
bei einem Festakt auf dem roten Teppich einläuft.

Aufi
Kommando: Los gehts! Beeil dich! *Mach emol hie!*

Ausgefuchst
Sehr schlau organisiert oder durchdacht. Manchmal auch
ein wenig hinterlistig.

Ausrügge
Fahrt der Feuerwehr zum Einsatzort.

Ausschürische
En Ausschürische ist ein Außenseiter, ein Sonderling.

Ausstaffiern
Jemanden mit etwas ausstatten und zwar bevorzugt mit
neuen Klamotten. Auch eine Wohnung wird ausstaffiert.

Aussteuer
Mitgift.
≔ Wurde von jungen Frauen systematisch gesammelt, oft
mit Unterstützung der Eltern und der ganzen Verwandtschaft, um später in die Ehe eingebracht zu werden. Vor
allem Bettwäsche, Handtücher und Hausrat für die Küche
gehörten zur üblichen Aussteuer.

Autsch
Ausruf, wenn etwas weh tut oder man sich verletzt hat.

Auwånne
Randweg am Acker.

B

Baafe
Etwas mit voller Wucht hinwerfen. *Hiebaafe.*

Baaz
Dreck, Schmutz.

Baazi
- Einer aus Bayern, meistens Oberbayern.
- Durchtriebener Mensch. → Lumbeseggl.

Babb
Leim, Kleister, Klebstoff.

@ Wenn kein Klebstoff zur Hand war, rührte man sich früher aus Wasser und Mehl ein klebriges Gemisch zusammen, den sogenannten *Mählbapp.* Der reichte zum basteln.

Babbele
Mit anderen reden. → Quassele.

💬 Gut, dass mer driwwer gebabbelt håwwe.

Babbel ned
Verblüffter Ausruf. Sag bloß? Wirklich? Mach Sache!

Babbelwasser
Alkoholisches, meist hochprozentig.

≔ Der Lateiner sagt zur gelösten Zunge: «In Vino Veritas».

Babbedeggl
- Ausweis, Pass, Führerschein usw.
- Ein Pappkarton ist aus Babbedeggl.

≔ *Babbedeggl* nimmt man zum basteln und verpacken. In maroden Häusern hat man früher gebrochene Fensterscheiben mit *Babbedeggl* notdürftig repariert. Selbst wärmende Schuheinlagen wurden aus *Babbedeggl* zugeschnitten.

Babbisch
Klebrig, schmutzig, ungepflegt. Auch unanständig.

≔ Als *verbabbt* gilt auch, wer dem gesellschaftlichen Wandel mit Moral entgegentritt. Der hat *verbabbte Ånsichte*.

@ Legendär ist die schnarrend schwätzende Frau Babbisch. In der *Kiddelscherz* trat sie von 1952 bis 1982 zusammen mit Frau Struwwelisch in der Faschingssitzung «Mainz bleibt Mainz» auf. Hinter dem Putzfrauen Duo steckten die *Fassenåchter* Otto Dürr und Georg Berresheim.

Babbsack
Schmutziger, ungepflegter Kerl.

Babbsått
Manchmal schmeckt es so gut, dass man mehr als nötig isst, bis man eben *babbsått* ist und gleich platzt.

Bach mache
In die Ecke pinkeln. ↦ Rabbele.

Baddschkapp
-Schiebermütze, Schirmmütze.
-Legendäres Veranstaltungslokal in Frankfurt.

Badds
Ein Geldstück, vor allem in der Kindersprache.

Baddsch-Händsche
Kinderhand.

Q Komm, geb der Tånte e schee Baddsch-Händsche.

Badent
Freundlich, nett, umgänglich, kommunikativ.

Bällebåhm
Pappel.

Bällsche
Eine Eiskugel.

≔ E *Bällsche Eis* wurde *in de Dudde*, im Becher, in der Muschel, oder in der Waffel verkauft.

Bädschwester
Häufige Kirchgängerin. Übertrieben fromme Frau.

≣ Der männliche, wenn auch viel seltener anzutreffende Pendant, ist der *Bädbruder.*

Bäschdebinner
Beruf des Bürstenbinders, Bürstenmachers.

≣ Früher wurde dem *Bäschdebinner* ein besonders guter Appetit nachgesagt. Wenn sich nun jemand einen übervollen Teller auflädt und das Essen auch noch mit hohem Tempo verschlingt, dann folgt sofort der Kommentar:

Q Der frisst wie en Bäschdebinner.

Gängig ist auch: *Der frisst wie en Scheunedrescher.*

Bäuersche
Aufstoßen, rülpsen.

≣ Kleine Kinder machen ein *Bäuersche*, nachdem sie das Fläschchen bekommen haben. Das genüssliche Aufstoßen nach dem Essen kommt aber auch bei vielen Erwachsenen vor. Wer oft aufstößt, wird *Luftschlucker* genannt.

Bäzzisch
Aufmüpfig sein. Freche Antworten geben.

Baff
Verblüfft, überrascht.

Q Jetz bin isch awwer baff.

Bagaasch
Familie, Verwandtschaft, Sippschaft, Gesindel. → Blåse.

Q Ån Ostern kimmt die gånz Bagaasch zu Besuch.

Båhnkörper
Die Bahnanlage, also der Bahndamm und die Gleise, auf der dann die *Eisebåhn* unterwegs ist.

@ Beliebt, aber gefährlich und verboten ist es, auf den Gleisen zu laufen oder auf den Schienen zu balancieren. Früher wurde der *Båhnkörper* oft wie einen Fußweg benutzt.

Bajass
- Hanswurst, Kasper, überdrehter Typ. → Hånnebåmbel.
- Mainzer Faschingsfigur: *De Bajass mit de Latern.*

Baldowern
Eine komplizierte, verstohlene Sache besprechen, verabre-
den, meist heimlich aushecken. *Ausbaldowern.*
Q Isch meescht wisse, wås die widder ausbaldowern.

Baldin
Langer Schal.

Balla
Ball in der Kindersprache.

Ballaballa
-Überdreht, verrückt, durchgeknallt. → Üwwerzwersch.
-Hit der Beatband «Rainbows»: My Baby Baby Ballaballa.

Ballern
-Zum Spaß mit einem (Spatzen)Gewehr oder einer Pistole
schießen. Herumballern. Gilt auch für Spielzeugpistolen.
-Kraftvoll Fußball spielen.
-Einem anderen eine reinhauen, eine ballern.

Ballestock
Hortensie.

Båmbele
Etwas das ungeordnet herumhängt und sich bewegt.
Q Dir båmbelt des Hemd aus de Hos.

Båmmel
Angst, ungute Vorahnung, Lampenfieber. → Fracksause.

Bånkert
Abfällig für uneheliche Kinder. Allgemeines Schimpfwort.
≔ Der Wortteil *Bånk* soll sich übrigens davon ableiten, dass
uneheliche Kinder häufig mit der Magd auf der Küchenbank
und eben nicht im Ehebett gezeugt wurden.

Barras
Militär ganz allgemein, Bundeswehr.

Batsche
Wer geschlagen wird, bekommt eine gebatscht.

Batschnass
Triefend nass, völlig durchweicht. ➞ Saaschnass.

Batze
-Fleck, schmutzige Stelle.
-Viel Geld ist *en Batze* Geld. Eine Münze ist ein ➞ Badds.

Bauchplatscher
Missglückter Sprung ins Wasser, bei dem man nicht Kopf oder Füße voraus landet, sondern flach auf dem Bauch auf- knallt, und das unter dem Gelächter der Zuschauer. Denn wer den Schaden hat, braucht für Spott nicht zu sorgen.

Bausch un Booche
Rundum, vollständig, restlos.
Ϙ Des håt de Stådtråt in Bausch und Booche åbgelehnt.

Beddel
Besitz, Eigentum, Aufgaben, Ehrenämter. Auch ganz allge- mein für irgendwelche Sachen.
⧦ Wer mit einem Amt, einer Arbeit oder Aufgabe unzufrie- den ist, der droht den anderen, *de gånze Beddel hiezu- schmeiße*. Kommt oft in Vereinen vor, wenn zum Beispiel ein Vorstand von den Vereinsmitgliedern angegriffen oder übermäßig kritisiert wird.

Beddes
Anfänger, Neuankömmling. Rekrut bei der Bundeswehr in der Grundausbildung. Tollpatsch, Grünschnabel.

Bedeppert
Unüberlegte Handlung. Nicht ganz richtig im Kopf.

Bedubbe
Andere *bescheiße*, hinters Licht führen.

Beebel
Popel. In der *Beebelnåse* bohren heißt folglich *beebele*.

Bembel
-Grauer Steingut Apfelweinkrug.
-Kahlgrundbahn.

@ So komfortabel wie heute war die Bembel früher nicht. Bis in die Fünfziger Jahre hinein standen zum Beispiel vor den einzelnen Waggontüren noch gusseiserne Kanonenöfen, mit denen im Winter die *Kuppees* notdürftig beheizt wurden. Später wurden rote Schienenbusse eingesetzt.

Die Bembelstrecke wurde Anno 1898 in unglaublichen zehn Monaten komplett ausgebaut. Die bayerische Staatsregierung unterstützte die Bembelpläne übrigens nicht. Da sie Angst hatte, die Kahlgründer Werktätigen nach Hessen zu verlieren, verweigerten sie die Finanzierung der Bahnstrecke. Zum Glück wurde mit Herrman Christner ein privater Investor gefunden. Nach ihm ist der Christner See in Kahl benannt. Die Fahrpreise waren erstaunlich günstig. Ein Ticket in der 3. Klasse kostete nur 4 Pfennige, egal wo man einstieg und wie weit man fuhr.

Technisch ähnlich war die 1910 eröffnete Elsavabahn von Heimbuchental nach Elsenfeld. Der Bahnbetrieb endete aber im Mai 1968. Der → Bahnkörper wurde zum Fahrradweg.

Berabbe
Bezahlen. → Bleche.

Bergl
Fruchtstand am Weinstock. Ein *Bergl* Trauben.

Berschtsche
Bürschchen, Bursch, heranwachsender Bub, Schlingel.

Berzel
Steiß. Auch abfällig für den Kopf.
≔ Beim Bratgeflügel, zum Beispiel bei Hähnchen oder Ente, finden wir am hinteren Ende auch einen Berzel. Geschmacklich ist der nicht jedermanns Sache, weil er nur aus Fettgewebe besteht.

Beschehr Owend
Heiliger Abend, 24. Dezember.
≔ Andere Bezeichnung für den Weihnachtsabend, an dem sich die Familie gegenseitig beschenkt, beschert.

Bessemer Kiss

Gelbliches Kiesgranulat mit dem Geh- und Fahrradwege hergerichtet werden.

:≣ Der Begriff kommt von Darmstädter/Bessungen, wo der Kies seit 1701 abgebaut wurde. Bekannt war die Firma Mitteldorf, die bis 1978 den gelben Bessunger Kies förderte.

Betucht

Reich, vermögend, gut betucht.

Bibbs

Allgemein für Krankheit.

Q Der håt de Bibbs.

:≣ Der Begriff kommt ursprünglich aus der Geflügelzucht und steht für eine Erkrankung der Hühnerzunge.

Bibi

Hühner, → Hinkel, vorwiegend in der Kindersprache.

:≣ Will man die *Hinkel* zum Fresstrog locken, dann ruft man einfach mit singender Stimme *Komm, bibibibi komm.*

Biff

Hiebe, Schläge. *Seu Biff krieje.*

Biggl

Murmeln, kleine Kugeln. → Kligger.

Biggsemacher

Ein Mann, der nur Mädchen gezeugt hat.

:≣ *Biggse* ist ein vulgär abfälliges Wort für Frauen.

Blmbes

Schmiergeld. Schwarzgeld.

:≣ Das Wort aus der Pfalz ist bei uns erst seit der Parteispendenaffäre im Umlauf, in die der frühere Bundeskanzler Helmut Kohl und die CDU verwickelt waren.

Bimse

Büffeln, pauken, sich etwas reinziehen. Aber auch drillen.

Bischbern

Leise reden, flüstern. Auch *bischbele.*

Bizzelwasser

Limonade oder Mineralwasser, mit Kohlensäure versetzt.

→ Kliggerwasser.

Blääge

Breitmäulig herumschreien, herumheulen.

Bladdern

Windpocken.

Blåse

Sippschaft, Anhang. → Bagaasch. → Kafruhse.

Blau

-Betrunken.

-Blau machen: Nicht in die Schule oder zur Arbeit gehen.

-Blau oder schräg singen: Die Melodie verfehlen.

Bleddscher

Teppichklopfer. Wurde auch zum → dåchdele benutzt.

Blesche

Etwas ungern bezahlen. → Berabbe.

:≡ Bei einem Strafzettel zum Beispiel muss man manchmal ganz schön *blesche*.

Bleiern Ente

Wer schlecht oder gar nicht schwimmen kann, der schwimmt wie eine bleierne Ente. Will heißen: Der geht unter.

Blitzkeil

-Regionales Klöße Rezept.

@ Für die Kartoffelklöße nimmt man zwei Drittel gekochte und ein Drittel rohe Kartoffeln. In den Sud kommt ein Schuss Essig, damit die Klöße schön weiß bleiben. Sehr schmackhaft sind knusprig ausgebackene Blitzkeil, die am Folgetag als Resteessen auf den Tisch kommen.

:≡ Der Name kommt daher, dass die *Blitzkeil* leicht bläulich schimmern, wenn sie kalt werden.

-Schimpfwort für Kinder, die nicht folgsam sind.

Q Der Blitzkeil mescht gråd wås er will.

Blogger
Bodenpolierer.

:≡ Schwerer Wischer zum Verteilen und Polieren von Bohnerwachs. Damit wurden Holztreppen und Holzdielen auf Vordermann und zum Glänzen gebracht, *gebloggert.*

Bloggern
Mit hohem Tempo und meist rücksichtslos Auto, Motorrad oder Moped fahren. → Breddern. → Heize. → Büschele.

Bloddsche
- Eine Zigarette rauchen.
- Ein kleines Grundstück, kleiner Acker.
- Eine Fuhre Mist.

Blödian
Spinner, Spielverderber, Störenfried.

Q Den Blödian brauchste går nimmer mitbringe.

Blümmerånt
Sich nicht wohl fühlen, Schwindelgefühle haben. Es wird einem *gånz annerst.*

Blunse
Hessische Blutwurst.

Bobbelsche
Kleinkind, Säugling, Baby.

Bobbes
Der Hintern.

Bobbo
→ Bobbes.

Bock
- *En Bock schieße:* Einen Fehler machen.
- *Bock håwwe:* Große Lust auf etwas haben.
- Sturer Bock: Dickkopf. Einer der nicht nachgeben kann.

Bohz
Vogelscheuche.

Bohzeratz

Schwarzer Mann, so eine Art Knecht Rupprecht.

Q Wenn de ned bråv bist, hehlt disch de Bohzeratz.

Bördefeller

Täschner, Lederwarenhersteller.

@ Bördefeller gab es vor allem in der Region von Offenbach und Rodgau. In familiären Kleinbetrieben wurden Handtaschen, Geldbeutel, Brieftaschen, Schlüsselmäppchen und machmal auch Lederhandschuhe fabriziert.

Aus diesem Handwerk ist die Offenbacher Lederwarenmesse entstanden, die heutige «Internationale Ledermesse».

Das inzwischen geschlossene Geschäft «Leder Weiss» in der *Aschebäjer Herrschelgass* firmierte früher sogar als «Offenbacher Lederwaren». Das war wie ein Gütesiegel.

Bosse

Blödsinn. Dummes Zeug, → Fisimatenten.

Q Mach kå Bosse.

Bossele

Herumspielen, sich zeitvergessen mit etwas beschäftigen.

Boudel

Einfältiger Mensch.

Brablee

Regenschirm.

Brässiern

In Eile sein. Wenn etwas auf den letzten Drücker gemacht wird, dann brässiert es.

Brass

Verärgerte Stimmung. Hass auf etwas haben.

Bråmbes

Zusammengerührter Brei.

≔ Manche vermanschen jedes Essen zu einem Einheitsbrei, egal wie sorgfältig der Teller angerichtet wurde. Das eher unappetitlich wirkende Ergebnis heißt dann *Brambes*.

Brånd
Nachdurst nach exzessivem Alkoholgenuss.

Breebele
Vor sich hin grummeln, nörgeln.
Q Des is en alde Breebeldibbe.

Breddern
Übermäßig schnell fahren, rasen. ↦ Heize. ↦ Bloggern.

Brenne
-Für eine Sache brennen, etwas mit Leidenschaft machen.
-Eine brennen, eine herunterhauen, eine *feuern*.
-Wenns brennt, ist es sehr eilig. ↦ Höchste Eisebåhn.

Brennnesselgriff
Beliebter, schmerzhafter Fesselgriff unter Halbstarken.
:≡ Dabei wird das Handgelenk so weit verdreht und festgehalten, bis sich der ganze Unterarm anfühlt, als habe man ihn durch einen Brennnesselbusch gezogen.

Briehworm
-Ein kaltes Bier, das lange rumsteht, wird *briehworm*.
-Eine unangenehme, meist geheim zu haltende Nachricht kann man *briehworm* weitererzählen.

Brogge
-Dickes Kind. *En ganz scheene Brocke*.
-Allgemein für Stücke, besonders Teilstücke von etwas.
-Gerupfte Brotstücke als Suppeneinlage.
Q Wer die Brieh isst, isst ach die Brogge.

Brossem
Brotkrumen, Brösel.
Q Nemm en Deller, du meschst jå alles voller Brossem.

Bruchbude
Heruntergekommenes Gebäude, Baracke. Abfällig für einen renovierungsbedürftigen Altbau.

Bruch und Dalles
Wenn etwas zunichte gemacht wird. Konkurs, Pleite.

Bruder Metz
Einleitung für eine erzieherische Androhung, wenn man etwas gefälligst zu unterlassen hat.
:≡ Der Ausdruck wird ähnlich verwendet wie: *Freundsche, Freund der Liebe, mein lieber Herr Gesangsverein, mein lieber Schwan,* oder *mein lieber Schieber* oder *mein lieber Freund und Kupferstecher.*

Brulches
Angeberei.

Brumme
Eine verhängte Strafe absitzen.
:≡ Gilt natürlich auch für Hausarrest oder für Strafarbeiten. Wer diese Strafen festlegt, brummt sie dem anderen auf.

Brunnebutzer
:≡ Um Seuchen vorzubeugen, mussten Dorfbrunnen früher regelmäßig *geschrubbt* werden. Die schweißtreibende Arbeit war bis hinunter an den tiefsten Punkt des Brunnenbodens zu erledigen. Für den anstrengenden Job gab es Spezialisten, die herumreisten und als besonders fleißig galten.
Q Die schaffe wie die Brunnebutzer.

Brunnsdumm
Völlig verblödet, uneinsichtig, borniert.

Brutsch
Schmollmund, Schnute. Hängende Mundwinkel.
Q Die zieht vielleischt e Brutsch.

Bruzzele
Braten, grillen.

Buddl
Flasche, Bierflasche. Flasche für die Flaschenpost.

Budigg
Heruntergekommenes Haus.

Büdderand
Gezackter Randschnitt an Fotos.

@ Schwarzweißfotos konnte man früher beim Entwickeln mit Rand, ohne Rand oder mit Büttenschnitt bestellen. Das war ein unregelmäßiger und leicht gerundeter Zackenrand, der an die unebenen und fransigen Ränder von handgeschöpftem Büttenpapier erinnern sollte.

Büschele
-Schnell über etwas drüber fahren, bügeln.

:≡ Man kann zum Beispiel bei Rot noch schnell über eine Ampelkreuzung *büschele* oder ohne Rücksicht auf Fußgänger über den Zebrastreifen.

-Abbüschele: Einen Antrag oder eine Beschwerde rigoros und verständnislos zuückweisen. Auch eine Idee oder Neuerung wird oft ohne jeden Respekt *åbgebüschelt*.

Buggl
-Kleiner Hügel.
-Rücken.

Q Der kånn mer mol de Buggl nunner rutsche.

Buggelisch
-Uneben.
-Sich für eine Sache krumm und *buggelisch* machen.

Q Isch mach misch hier für disch jeden Dååch buggelisch, und wås is de Dånk?

Buggsiern
Etwas geschickt an seinen Platz verfrachten.

:≡ Das Wort stammt aus der Schifffahrt und leitet sich vom Schiffs-Bug ab. Bug voraus, *buggsiert* nämlich ein ortskundiger Lotse das ankommende Schiff auf seinen Anlegeplatz im Hafen.

Bumbe
Sich etwas leihen, bevozugt Geld. Jemanden *ohbumbe*.

Bumbern
-Herzklopfen
-Lange, meist innen angerauhte Unterhosen.

≣ Lange Unterhosen sind nichts für richtige Kerle. Deswegen versucht man alles, um sie zu verbergen. Doch im Winter sind sie ein guter Erkältungsschutz. Neudeutsch heißen sie jetzt Leggings und gehören zum Ski-Outfit.

Bumbes
Furz. In der Kindersprache auch *Bumbi*.

Bummersche
Babyfläschchen, Nuggelflasche.

Busch
Der Kahlgrund.
≣ Alles was kahlaufwärts nach Alzenau kommt.

Buschkopp
Zerzauste, *verstruwwelte* Frisur.
Q Kemm der deun Buschkopp, wennde fordgehst.

Butze
- Saubermachen, nass aufwischen.
- Regenschauer, Platzregen, Regenguss.
- Die Fruchtdolden am Weinstock. → Bergl.

Buweschenkl
Süßes Mürbegebäck, das aussieht wie zwei Kinderbeine.
≣ Die *Buweschenkl* wurden früher zu Neujahr in vielen Gasthäusern mit Schafskopf-Karten ausgespielt.

Buxe
Hose.
≣ Die *Unnerbuxe* ist folglich die Unterhose. → Bumbern.
@ Wenn früher die Unterhose aus der Hose schaute, riefen die Kinder: *Der hot Geburtsdâch!* Heute ziehen die jungen Kerle ihre Unterhosen extra über den Hosenrand, um mit dem aufgedruckten Designernamen anzugeben.

D

Dååchdieb
Jemand, der die Zeit totschlägt, faulenzt.

Daache
Taugen, passen, ordentlich sein.

:≡ Das Wort wird allerdings meist negativ und abwertend verwendet.

Q Der Kerl daacht nix. Oder: Der Abberad daacht nix.

Daase
Wen etwas nervt, dem geht es auf den Geist, *uff de Daase*.

Dabbdewidd
Ungeschickter Mensch. → Doldi.

Dabbe
Nicht ganz richtig im Kopf sein. Etwas Unmögliches verlangen. Eine allzu verrückte Idee haben.

Q Der håt ja wohl en Dabbe.

Dabbes
Ein ungeschickter Mensch.

Q Wås issen des ferren Dabbes?

Dåchdele
Eine Abreibung, auch Einreibung verpassen, eine Tracht Prügel verabreichen, übers Knie ziehen. → Duwagge.

@ Die Prügelstrafe war früher allgegenwärtig. Daheim genauso wie in der Schule. Neben dem Lehrerpult, einem früher auf einem Podest erhöhten *Katheder*, stand immer der Rohrstock bereit. Für die Prügelstrafe gibt es unzählige Wörter, die nach und nach in diesem Buch auftauchen.

Daddele
Sein Geld am Spielautomat oder an einem einarmigen Banditen verspielen. Passt auch für Computerspiele.

Dadderisch

Zittrig, unbeholfen, unsicher.

:≡ Ältere Leute gelten als *dadderisch*. Früher benutze man das Wort, um die Veränderungen im Alter zu beschreiben. Heute weiß man, dass es meist Parkinson ist, wenn die Hände nicht mehr ruhig bleiben können.

Q Der hot de Dadderisch.

Dämmerschobbe

Kleiner Umtrunk nach der Arbeit, am Nachmittag oder am frühen Abend.

Q *Besser als Arznei un Drobbe, is jeden Dååch en Dämmer-schobbe.*

Dagguff

Gut drauf, lebendig, munter, fit.

Dalles

-Zentraler Platz im Ort, Dorfplatz, Marktplatz.

@ In Kahl heißt der Platz am Rathaus *Dalles*.

-*Dalles* steht aber auch für Unglück oder Pechsträhne.

Q Der hot de Dalles.

Dåmisch

Schwindlig, taumelig. Auch ein wenig verrückt.

Q Was issen des ferren dåmische Bruder?

Dånnescheefschen

Getrocknete Kieferzapfen. Auch *Dånnegiggel*. → Knodde.

@ Früher sammelte man säckeweise Dannescheefchen. Die trockenen und harzigen Zapfen brannten wie Zunder und waren deshalb ideal zum Feuer anmachen.

Deddee

Schnuller in der Babysprache.

Deez

Kopf. → Schwelles.

Deiphenker

Teufel, Satan. Enthält die Wortstämme Dieb und Henker.

Q Scher dich bein Deiphenker.

≔ Eine Firma, die bankrott ist, *geht bein Deiphenker.*

Dengeln
-Sicheln und Sensen zum Schärfen mit dem Hammer bearbeiten. Nach dem *dengeln* wird die Schneide mit Öl und Wetzstein abgezogen.

-Schlagen, hauen, jemandem eine *dengeln.*

Dermaße
Derart, so sehr. Wird heute oft durch *wahnsinnig* ersetzt.

Q Isch hâb dermaße die Nåse voll, des glaabsde ned.

Derrabbel
Dünner Kerl. → Gaagel.

≔ Einer, der nicht viel Fleisch auf den Rippen hat.

Q Der Derrabbel is jå bloß e Hemd.

Oder: Der is so dinn, wie en Strich in de Låndschaft.

Dewitt
Auf etwas treffen, gegen etwas prallen. Kurzform: *Witt.*

Q Bei einem Unfall: Der ist voll (de)witt gerast.

Dibbe
Kochtöpfe oder andere Haushaltsgefäße, z.B. Blummedibbe. Die Verniedlichungsform ist Dibbsche. → Nachtdibbsche.

Dibbedaab
Voll betrunken, total voll, zugesoffen.

Dibbelisch
Übergenau und pedantisch.

Dibbemess
Größtes und bekanntestes Frankfurter Volksfest, das traditionell im Frühjahr und im Herbst am Ostpark stattfindet.

@ Die Frankfurter Dibbemess gibt es urkundlich bestätigt schon seit dem 14. Jahrhundert. Sie war ursprünglich ein Verkaufsmarkt für Haushaltswaren. Töpfer aus dem Westerwald, aus dem Kannenbäckerland und aus Urberach verkauften hier vor allem handgemachte Keramikschüsseln,

Krüge, Bembel und Töpfe, also *Dibbe*. So bürgerte sich der Name *Dippemess* ein. Die Volksbelustigung mit Karussell und Autoscooter kam erst in der Neuzeit dazu. Berühmt war die hölzerne Himalaya Achterbahn von Lulu Herhaus, die ihre Anlage im Zweiten Weltkrieg im Wald versteckte. Nach Kriegsende stand die Bahn für einige Zeit im Frankfurter Zoo, wo sie dem zerbombten Tierpark als Attraktion wieder auf die Beine half. Zoodirektor war Bernhard Grzimek.

Dibbeschnitt
Männerfrisur.

:≡ Oben kurz und an den Seiten radikal rasiert. Fertig sieht die Frisur aus, als hätte der Friseur dem Mann einen Topf, → Dibbe, aufgesetzt und drumherum geschnitten.

@ Heute ist der freirasierte Haarschnitt wieder aktuell und nennt sich Sidecut oder Undercut. Auch kerzengerade Scheitel sind wieder schwer in Mode.

Dibbsche
Der Versuch, jemanden zu beruhigen, zu *dibbsche*.

Die Kur mache
Jemanden mit schönen Schmeicheleien für sich einnehmen, den Hof machen, Honig ums Maul schmieren.

Diene
Den Ministrantendienst verrichten.

Q Steh endlisch uff, du musst heut diene!

@ Statt Ministrant sagt man auch Messdiener. Wer eingeteilt ist, muss also dienen. Es gibt unterschiedliche Dienstgrade. Einfache Messdiener dürfen nur die Standardaufgaben erledigen. Schellen, Wasser und Wein einschenken, → Klingelbeutel zureichen, usw. Den gehobenen Dienst versehen die Akoluten. Das sind Kerzenträger, die sich zum Beispiel beim gesungenen Evangelium neben dem Pfarrer postieren. Die Top-Position hat der Thuriferar, der Weihrauchschwinger. Sein Partner ist der Navikular, der trägt das Weihrauchschiffchen und die Ersatzkohle.

Zusätzliche Dienste sind gut fürs Taschengeld. Bei Taufen, Trauungen und Beerdigungen gibt es nämlich Bares auf die Hand und manchmal auch noch ein extra Trinkgeld.

Diener
Leichte Verbeugung.

✒ Kleine Buben sollen beim Danke oder Grüß Gott sagen einen *Diener* machen. Mädchen machen einen *Knicks*.

Diewern
Zetern, hysterisch schimpfen.

Dilldabb
Ungeschickter Mensch, Tollpatsch.

Dingsdå
Hilfswort, wenn einem ein Begriff nicht einfällt.

Dobsch
- Kleines Kind.
- Spielzeug, Kreisel.

≡ Brummt der Kreisel, heißt er *Brummdobbsch*.

Doktor Senf
Original aus Dettingen, damals im ganzen Kreis bekannt.

✒ Doktor Senf schaffte es, in jeder Wirtschaft die Leute mit Späßen und Liedern zu unterhalten. Meistens wurde ihm dafür einer ausgegeben. Das nahm er gern an, denn viel Geld hatte er nicht. In Dettingen erzählt man sich die Geschichte, dass ihm das Rentenamt lange zu unrecht das Ruhegeld verweigerte. Doch auch als die Rente mit Unterstützung eines Lokalpolitikers endlich genehmigt war, zog Doktor Senf weiter durch die Gaststuben.

Maria Detzner aus Kahl hat für den Alleinunterhalter ein Kerbgedicht verfasst:

«Es kam de Dokter Senf dezwische, der hot die Gegend vollgekrische. Er sang laut aus voller Brust, im schwarze Frack die Waldeslust. Un als de Senf mit Bier bekleckert, håt er de Dalles vollgemeckert: Meinen Vadder kannt ich nicht, de

Senf die reine Wahrheit spricht. Er konnt ach de Leut nur saache, ich bin geborn beim Krummet mache. Ich hab studiert, Leut glaubt mirs nur, die ganze Hekto-Literatur».

Dollack
Einer der neben der Spur ist. → Tölpel. → Dolldi.

Dollbohrer
Ziemlicher Spinner. Jemand der umständlich arbeitet.

Dolldi
Ungeschickter Kerl. → Tölpel.

Dooscht
Gutmütiger Mann.

Dormel
Schimpfwort für böse Buben.

Dörschrassele
Durch eine Prüfung fallen.

Dorzelisch
Schwindlig.
⦂≡ Wer sich beim spielen zu oft um die eigene Achse dreht, der wird ganz *dorzelisch*.

Drångsaliern
Jemanden bedrängen, quälen. → Traktieren.

Dreckloch
Müllkippe.
@ Früher gab es auf dem Land noch keine Müllabfuhr. Deswegen hatte jede Gemeinde ihr eigenes Dreckloch. In Kahl zum Beispiel im Mainfeld, in Alzenau am Steinbruch, wo heute das Hotel Forelle steht.

Dribbele
Früher musste man ganz schön *dribbele*, um die Nähmaschine per Fußantrieb in Gang zu setzen.
@ Heimschneidereien waren die Basis der aufstrebenden *Aschebäjer* Kleiderfabriken. In der Chronik von Pflaumheim

zum Beispiel steht, dass es dort 1936 über einhundert Heimschneider gab. 1952 wurde den Buben je nur eine Lehrstelle als Schriftsetzer, Maurer, Schreiner und Steinmetz angeboten, aber zwanzig für den Schneiderberuf. Pflaumheim beherbergte sogar eine Außenstelle der Obernburger Berufsschule, wo man über 150 *Stifte* des Schneiderhandwerks unterrichtete. Die Mädchen blieben damals ohne Berufsausbildung und wurden als *Nähmädchen* beschäftigt.

Droddel
- Wollquaste oder Bommel an einer Strickmütze.
- Dekorationselement an teuren Gardinen.
- Dummkopf.

Droddele
- Eine Sache ewig in die Länge ziehen, nicht fertig werden.
- Die Zeit verplempern.
- Betont langsam gehen.

Q Der droddelt als hinnerher.

Drüggebäjer
Drückt sich aus Faulheit, Desinteresse oder Feigheit vor Pflichten, Arbeiten und Verantwortung. Macht sich heimlich aus dem Staub.

Druschel
- Abfällig für eine wenig unterhaltsame Frau. → Geue.
- Anderes Wort für Stachelbeeren oder → Klosternbirn.

Dubbe
- Tupfen. Punktmuster auf Tapeten oder Kleiderstoffen.
- Wer spinnt, *hot en Dubbe*.

Dubbee
Haarteil. Aber auch generell für den Kopf.

Q Du kriest gleich wås uffs Dubbee.

Duckmäuser
Unterwürfiger Opportunist. Einer der sich anpasst, unterordnet und sich nicht traut zu widersprechen.

Dudd
Kahler Original.
@ Die Dutt war intelligent, aber verwahrlost, streng riechend und völlig verpeilt. Sie hauste in einem heruntergekommenen Hexenhäuschen mit verbretterten Fenstern. Für ihren Spitznamen gab es zwei Erklärungen: Der grauslich stinkende Haarknoten unter ihrem Kopftuch. Oder weil sie Papiertüten, → Dudde, benutzt haben soll, statt auf die Toilette zu gehen. Man nannte sie deshalb auch die *Duddeschissern*. Das soll sie schon seit ihrer Kindheit im Gasthaus Brezel so gemacht haben, weil die Klobenutzer in ihrer Vorstellung zu viele Bazillen einschleppen würden.

Dudde
Tüte aus Papier oder Plastik.

Duddu
Damit werden Kinder verwarnt. *Duddu mache*.

Duffel
Ein großes Tuch, mit dem man Kopflasten tragen kann.

Dullian
Schräger Vogel, Unikum.

Dummbach
Erfundener Ortsname, wo angeblich nur Dumme leben.
Q Isch bin doch ned aus Dummbach.
:≡ Einen Fluss namens Dummbach gibt es in Bayern in der Nähe von Straubing. Was sagt uns das?

Dummbeudel
Dummkopf, einer der nichts kapiert. Jemand, der regelmäßig den Kürzeren zieht und ausgenutzt wird.

Dunnerkeil
Einer der alles mögliche anstellt. *En beese Buh*.

Dunst
Wird negativ verwendet. Keinen Dunst haben heißt, etwas nicht wissen, nicht verstehen. Keine Ahnung haben.

Duschuur

Immer wieder, andauernd, ständig.

Duster

Dunkel, auch undurchsichtig.

💬 Es werd schon gånz duster.

Oder: Die Zukunft sieht ziemlich duster aus.

Dussel

Man hat Glück oder Dussel, wenn man aus einer heiklen Situation mit blauem Auge davon kommt. ➜ Massel.

Duwagge

Jemanden übers Knie ziehen, den Hintern versohlen.

➜ Dåchdele. ➜ Flamme.

Duwaggel

- Tabak für die Pfeife. ➜ Kloowe.

- Schnupftabak, auch Schmalzler.

E

Ebbe
Kein Geld mehr. Leerer Geldbeutel.

Ebbes
Etwas, irgendwas.

Eff Eff
Eine Sache besonders gut, also aus dem Eff Eff können.

≣ FF steht oft auch auf Schildern und Tüten von Metzgereien und bedeutet «Feinstes vom Feinen».

Ei de Daus
Ausruf der Verwunderung.

≣ Im Kartenspiel ist der Daus die beste Karte. *Ei de Daus* kann also eine negative wie positive Überraschung bedeuten, je nachdem, wem der Daus gerade einen Stich beschert.

Ei mache
Streicheln in der Babysprache.

Eiern
- Ein Rad das nicht rund läuft, eiert.
- Wer sich über etwas kaputtlacht, eiert sich weg.
- Wer unentschlossen ist, *eiert rum*.

Eisebōh
Die Eisenbahn.

≣ Allgemein für die Deutsche Bundesbahn, aber auch für einen einzelnen Zug. Bahnbeschäftigte sind *Eisebehner,* die früher noch mit einer guten Pension rechnen konnten.

Eisschrånk
Kühlschrank.

Ekel
Unangenehmer, widerwärtiger Mensch.

Engelmacher
Frauen oder Männer, die illegal und meist unter sehr riskanten Umständen Schwangerschaftsabbrüche vornehmen.

≔ Der Begriff der *Engelmacherinnen* stammt aus dem 19. Jahrhundert und hat andere Gründe. Gemeint waren Frauen, die anvertraute, meist uneheliche Pflegekinder oder Waisenkinder absichtlich sterben ließen, um sich am Pflegegeld zu bereichern, also die Kinder zu Engeln machten.

Erschosse
Völlig erschöpft, platt, verausgabt, übermüdet, ausgelaugt.

Esdemiern
Etwas wahrnehmen, beachten, jemandem Aufmerksamkeit schenken. Das Wort wird aber meist negativ benutzt.

Q Der esdemiert misch gårned.

Essisch
- Essig in Küche und Haushalt.
- Resignierter Ausruf wenn etwas nicht nach Plan läuft, oder wenn man mit einem Arbeitsergebnis unzufrieden ist.

Etepetete
Geziert. Höchst sauber und fein. Steif, aufgeblasen.

Eubläue
Etwas mit Nachdruck einschärfen, eintrichtern.

≔ Der Begriff stammt aus der Wäscherei. Weiße Stoffe wurden nämlich *gebläut,* also mit Wäscheblau behandelt, um Vergilbungen zu überdecken.

Eubrogge
Etwas verursachen, sich etwas zuschulden kommen lassen.

Q Des höste der doch selwer eugebroggt.

Eubuchte
Jemanden einsperren, ins Gefängnis werfen, arrestieren.

≔ In der Bergmanns-Sprache ist die Bucht das Bett.

Eugedusselt
Eingeschlafen, eingenickt.

Eugehe
Wenn der Stoff bei einer zu heißen Wäsche einläuft.

Eugemächtes
In Weckgläsern sterilisiertes Obst und Gemüse.

Eugeschnabbt
Verärgert, gekränkt, verschnupft, beleidigt.
:≡ Wenn einer *eugeschnabbt* ist, reagiert er wie *e belei-dischde Läwwerwōrscht*.

Euloche
Ins Gefängnis werfen. ⤳ Eubuchte. ⤳ Verknacke.

Eumel
Spinner, komischer Mensch, Dummkopf.

Eurügge
Zum Militärdienst gehen, in den Krieg ziehen müssen.

Euseggele
Einkassieren, in die Hosentasche stecken.

Extrawōrscht
Jemandem einen besonderen Vorteil geben. Extra Beachtung erwarten.

F

Fääscheise
Nicht zu bändigendes, wildes Mädchen.

Fakultät
-Lehrbereich der Universität
-*Von de ånner Fakultät:* Homosexuell, *vom ånnern Ufer.*

Faggele
Etwas umgehend in Angriff nehmen, nicht hinauszögern.
🗨 Do werd gorned lång gefaggeld.

Falle
Bett. → Heia, → Kahn, → Nest.
🗨 Los! Jetzt gehts in die Falle.

Falliern
Beim Kochen etwas daneben gehen lassen, falsch machen
oder → verärwern.

Fandast
Spinner, Träumer, oft aber auch ein Genie.

Feiner Pinkel
Vernehmtuer, blasierter Snob, Angeber.

Feldschitz
Feldschütz, Flurschütz. Land- und Flurhüter.
@ Ähnlich dem Förster, gab es den Flurschütz, der auch als
Flurpolizist fungierte. Er passte auf die landwirtschaftlich
bewirtschafteten Flächen eines Ortes auf.
Sein Dienst sollte verhindern, dass Fremde die Ernte stehlen
und niemand Niederwild und Vögel wilderte, zum Beispiel
Fasane und Rebhühner. Außerdem hatte er darauf zu achten, dass in der Sperrzeit, die in der Regel zwischen April
und Oktober gilt, niemand die Grünflächen betrat. Das diente dem Schutz der Wiesenbrüter. Besonders Kinder hatten

großen Respekt vor dem Feldschütz. Er hatte stets ein Spatzengewehr dabei, um Vögel zu vertreiben, die sich übermäßig über Trauben und Kirschen hermachten.

Felleise
Gepäckstück, Rucksack, Schweizer Tornister, Koffer.

Femer
Halbdunkel, dämmerig. Auch *fehmlisch*.

Ferz
Flausen, verrückte Einfälle.
Q Der Kerl håt nur Ferz im Kopp.

Feng
Wer geschlagen oder verhauen wird, *kriet seu Feng*.

Fennischfuchser
Einer der jeden Pfennig dreimal umdreht, bevor er ihn ausgibt. Schnäppchenjäger. Geizhals. → Speebrenner.

Fickfacker
Aufschneider, Betrüger, Angeber, Prahlhans.

Fickmiehl
Vorteilssituation beim Brettspiel Mühle. Auch Zwickmühle.
≣ Eine *Fickmiehl* besteht aus fünf Spielsteinen. Jeder Zug öffnet eine bestehende Mühle und schließt gleichzeitig eine andere, offene Mühle.

Fidibus
Zusammengefalteter Papierstreifen, der zum Anzünden von Tabakpfeifen und des Kaminfeuers benutzt wurde.
@ Das Wort stammt aus der Zeit, als es noch keine Streichhölzer gab. Schon bei Wilhelm Busch steht, was Max und Moritz ihrem Onkel Fritz besorgen sollten:
«Bringt ihm, was er haben muss: Zeitung, Pfeife, Fidibus».

Fiffi
- Rufname für einen kleinen Hund.
- Maßgefertigte Halbperücke zum Verbergen von Haarausfall. Wird von Männern mit (Halb)Glatze getragen.

Figge

Drangsalieren, hart rannehmen, schikanieren, quälen.

≔ Wird oft beim → Barras benutzt, wenn bei der Rekruten-ausbildung übermäßige Härte angewendet wird.

Q Der hot uns heut widder gånz schee gefiggt.

Firo

Vorwärts, beeile dich!

Q Hej, mach emōl e bissje firo.

Fischelånt

Fesch.

≔ Fischelant sind gut aussehende und extravagant ange-zogene Frauen und Männer.

Fissematente

Ungewöhnliche Interessen, aus der Reihe tanzendes Ver-halten, komische oder unerwünschte *Sache mache*.

@ Der Begriff kommt vom französischen «Visitez ma tente».
Zu deutsch: Besuche mein Zelt.

Deutschland stand im 19. Jahrhunderts zum Teil unter fran-zösischer Besetzung. Unsere Gegend schaffte es mit der Schlacht bei Dettingen in die nationalen Geschichtsbücher. Die französischen Soldaten versuchten deutsche Mädchen mit der Aufforderung *Visitez ma tente* zum Tête-à-Tête in ihr Lager zu locken. Den Mädchen wurde deshalb *eugebläut*, jeder verführerischen Einladung strikt zu widerstehen.

Q Mach mer bloß kå Fissematente.

Flabbsch

Unberechenbare, wankelmütige Person. Mal da, mal da.

Flagge

Sich hinflacken, hinsetzen oder hinlegen.

Flåmme

-Eine → Tracht Prügel verpassen. → Duwagge. → Dachdele.

-Ein Mädchen, in das ein junger Mann total verknallt ist.

Q Des is dem seu Flåmme.

Flasche
Versager, Nichtskönner, Angsthase.

Flatsche
Einen zur Strafe übers Knie ziehen. Einem eine runterhauen. → Flamme.

Flatschern
Fliegen. Das Geflatter der Vögel. → Fleusche.
Q Gestern is die Kündischung ins Haus geflatschert.

Flause
Hirngespinste. Fixe, spinnerte Ideen. → Fisimatente.

Fleißkärtchen
Papierstreifen als Belohnung für fleißige Schüler.
≣ Fleißkärtchen waren einfache, meist bunte Papierabfälle, die in Druckereien beim Beschnitt übrig blieben. Fiel man als Schüler durch besonderen Fleiß auf, bekam man ein Fleißkärtchen zum sammeln. Hatte man zehn beisammen, konnte man sie gegen ein Fleißbildchen eintauschen, das ins → Poesiealbum geklebt wurde.

Flessje
Wasserrinne, Rinnstein, Wasserablauf, Gosse.

Fleusche
Herumfliegen. → Flatschern.
Passt vor allem für herumschwirrende Käfer, → Schmahse, Hummeln, Bienen, Wespen.
Q *Hier kreuscht und fleuscht des Ungeziffer.*

Flimmerisch
Spitzname des Kahler Kinobetreibers Heinz Zeiger. Das Kino wurde 1926 eröffnet und schloss mangels Besuchern 1991.

Flitsch
Flügel.
≣ Wer traurig ist, lässt die *Flitsch hänge*. Das Gleiche gilt für Pflanzen, die zu welken beginnen. Beim Brathähnchen entscheidet man sich zwischen Beinchen und *Flitsch*.

Flitzeboche

Eigentlich ist damit Pfeil und Bogen gemeint. Das Wort wird aber benutzt, wenn einer neugierig und sehr gespannt ist.

Q Ich bin gespannt wie en Flitzeboche.

Flodde Oddo

Durchfall, Dünnpfiff.

Flunkern

Einen Sachverhalt anders darstellen, als er abgelaufen ist. Etwas beschönigen. Leichtere Form einer Lüge. Notlüge.

Flurschådeträder

Sehr große Füße, so etwa ab Schuhgröße 45 aufwärts.

Fobbe

Jemanden überraschen, an der Nase herumführen.

Foddo

Kamera, Fotoapparat. Aber auch ein Bild, ein Foto.

Q Nemm de Foddo un mach e Foddo.

Fōrdschmeiße

- Etwas wegwerfen.

- Sich vor Lachen wegwerfen.

Q Der iss so bleed, isch kennt misch gråd fōrdschmeiße.

Fōrztrocke

Steigerung von sehr trocken.

Frōhs

Abfällig für Essen, das nicht schmeckt.

≔ Geschmacklos oder immer wieder aufgewärmt. Mit *Frōhs* wird oft auch das Angebot in Kantinen kritisiert.

Q Den Frōhs kånn kåån Mensch esse.

Fracksause

Angst, Lampenfieber. → Båmmel.

Frånsel

- Fransen an Teppichen und Kissen, überstehende Fäden.

- Ungeschnittene, längere und zottelige Haare.

Frauedråche
Alter, katholischer Brauch in der Adventszeit.
🖉 Eine Madonna wurde in den vier Adventswochen nach einem vorher verabredeten Plan von Haus zu Haus getragen, auf ein geschmücktes Hausaltärchen gestellt und dort von Familie und Nachbarn einen Tag lang andächtig verehrt. Dann gings weiter zur nächsten Familie.

Frauenzimmer
Schnippisch und leicht abfällig für Frau. → Weibsbild.

Fregger
Widerspenstiger Kerl. Auch *Freckling*.

Freilisch
Ja klar, selbstverständlich.

Fressalie
Ganz allgemein für alles, was man essen kann.

Frierhutzel
Verfrorener Mensch.

Frollein
-Früherer Rufname für weibliche Lehrkräfte, während männliche Kollegen mit *Herr Lehrer* angeredet wurden.
🖉 Am Gymnasium sprach man früher die Lehrkräfte standardmäßig mit *Herr* oder *Frau Professor* an, egal ob junger Studienassessor oder Oberstudiendirektor, der *Direx*.
-Verkäuferin oder Bedienung in der Gastronomie.
⍟ Der Zuruf *Frollein* wird heute nicht mehr benutzt. Es gilt als unkorrekt und herablassend. Viele sagen jetzt im Gasthaus statt dessen Entschuldigung. *Entschuldischung, kånn isch noch e Biersche håwwe?* Das ist aber auch komisch, denn wofür entschuldigt man sich da eigentlich?

Frotzele
Lästern, jemanden hochnehmen und ärgern.

Fuchtel
Bevormundung. Herrische Unterwerfung. → Kandare.

:≡ Wenn die Gattin die Hosen anhat, hat sie ihren Mann unter der *Fuchtel*, genauso wie strenge Lehrer die Schüler. Ein Chef kann Mitarbeiter mit rigoroser *Fuchtel* führen.

:≡ Das Wort kommt ursprünglich vom Fechtsport. Mit der *Fuchtel* wird ein breiter Degen bezeichnet, mit dem man kämpft, fuchtelt, fechtet, etwas ausficht.

Fuchteln
Ausladend gestikulieren, herumfuchteln.

Fuddele
Etwas hinschlampen, ungenau arbeiten, pfuschen.

Fuddschikado
Kaputt, erledigt, erschöpft. ↦ Erschosse.

Fuder
Maßeinheit für tausend Liter Wein.

Füllsel
Schmackhafte Füllung von Puten, Gänsen und Kaninchen.
@ Das *Füllsel* ist eine pastetenartige Mischung mit unterschiedlichen Zutaten. Innereien, Speck, Hackfleisch, Äpfel, Pflaumen, Orangen, getrocknete Feigen, altbackene Brötchen, Kräuter und Gewürze. Die Weihnachtsgans ist ohne das herzhafte *Füllsel* unvorstellbar. Jeder Koch und jede Hausfrau hat natürlich ein eigenes Hausrezept.

Fuggern
Etwas mit Geschick tauschen, kaufen oder verkaufen.
:≡ Das Wort kommt vom schwäbischen Kaufmannsgeschlecht der Fugger, die geschickt zu handeln wussten. Ursprünglich hießen sie übrigens Fucker. Ob da etwa einer Englisch konnte?

Fuhrwerke
Herumfuchteln, etwas hektisch angehen, *rumfuhrwerke*.

Fulder
Wanderarbeiter, Landstreicher. Aber auch geistig minder bemittelter Mensch.

Fuldern

-Debattieren, sich streitig auseinandersetzen.

-Gierig und mit Heißhunger essen.

Funsel

Schwaches Licht, zum Beispiel die Fahrrad *Funsel*. Eine billige Taschenlampe, Gaslaterne oder Petroleum-*Funsel*.

Fuschele

-Im Dunkeln vortastend nach etwas suchen.

-An jemandem, meist ungewünscht, herumfummeln.

≡ Frauenärzte heißen im Volksmund *Fuscheldokter*.

Q Hör bloß uff, ån mir rumzufuschele.

Fusel

Billiger Schnaps. *Koppwehwasser*.

Fußlabbegemies mit Fleh

Gedünstetes Weißkraut mit Kümmel.

≡ Eine deftige Beilage, beispielsweise zum → Haspel.

Fusselisch

Man kann sich den Mund *fusselisch babbele*, wenn jemand eine Erklärung nicht kapiert.

Futsch

Kaputt, nicht mehr benutzbar.

Fux

Schlaumeier, kenntnisreicher Mensch. → Schlaubäjer.

Fuxe

Sich ärgern. Andere ärgern, sie *fuxen*.

≡ Möglicherweise leitet sich der Begriff vom Rotfuchs ab. Denn wer sich richtig *fuxt*, wird im Gesicht meistens auch *knallrot* vor Zorn. Dann *fuxt mer sisch,* und zwar *wie die Sau*. Man wird *fuxdeifelswild*.

Q Des fuxt mich dermaße, des kånn ich der såche.

Fuzzi

Trottel. Kleiner Kerl, den keiner richtig ernst nimmt.

G

Gaagel
Schlanker, hagerer Kerl, lang wie eine Bohnenstange.

Gaagele
Herumalbern.

Gåågse
Aufstoßen, rülpsen.

Gaaschl
Peitsche. Zum Beispiel die Kutscherpeitsche.

Gaasgråwe
Wenn es *de Gaasgråwe nåb* geht, dann stürzt man ins Verderben, geht man pleite. → Ohgråh.

Gätze
Mit gereizter Stimme meckern, freche Widerworte geben.

Gafern
Wenn Spucke, → Speuze, aus dem Mund läuft. → Sabbel.
⫘ Babys bekommen daher beim füttern einen *Gaferlatz*.

Gaggei
Eier in der Kindersprache.

Galern
Herumalbern, balgen, Quatsch machen.

Gallloch
Kellerloch, kleines Kellerfenster.
@ Durch das Gallloch wurden früher die Kohlen, Briketts oder die Kartoffeln in den Keller geschüttet. Im Winter wurde das *Gallloch* wegen Frostgefahr mit Stroh zugestopft.
Die Schallöffnungen im Glockenturm der Kirchen, hießen in manchen Orten ebenfalls *Galllöcher*. Ob hier die Wortnähe von Gall und Schall eine Rolle spielt, ist unklar.

Gallosche

:≡ Schuhe.

Eigentlich Überziehschuhe aus Gummi.

Gaschdisch

Bösärtig, aufbrausend, jähzornig.

Gaul

Pferd. In der Kindersprache auch Gaula.

@ Eine kleine Anekdote aus meiner Schulzeit: In der ersten Klasse saßen wir noch zu fünft in einer Bankreihe. Neben mir die Tochter eines angesehenen Arztes. Auf dem Stundenplan stand Lesen und wir übten mit kleinen Lesekärtchen. Das war so eine Art Memory Bildersammlung, mit jeweils darunter stehendem Wort. Ich hatte meine Nachbarin schon lange in Verdacht, dass sie gar nicht richtig lesen kann. Nun kam der Beweis. Auf dem Kärtchen war ein Pferd abgebildet. Prompt las sie *Gaul* vor. Bingo!

Gauze

-Ein Hund bellt, *gauzt.*

-Laut husten heißt auch gauzen.

-*Angauze* heißt, jemanden anblaffen, sehr laut angehen.

Gebäd

Jemanden belehren, ermahnen. Ins Gewissen reden.

Q Isch glaab, den muss isch emol ins Gebäd nemme.

Gebott

Immer wieder aufs neue, ständig wiederholend. → Alle Ritt.

Q Mensch, der håt jå alle Gebott ånnern Ferz im Kopp.

Gehunger

Heißhunger.

Gedees

Gehabe, Getue. Viel Aufhebens um eine Kleinigkeit oder eine Nebensache machen. → Geschiss.

Geetsche

Die Taufpatin. Gode.

Gefriggel
Mühselige, zeitraubende Kleinarbeit. *Rumfriggele.*
Q Isch friggel seit Stunde an dem Abberad rum.

Geharnischt
Mitteilung in scharfen Worten. ↦ Gepeffert. ↦ Gesalze.

Gehewwel
Albernes Gelächter. Wenn man nicht ernst bleiben kann.

Gehfenzje
Scheues, schüchternes, unsicheres Kind.

Geh ford
Auch *geh mer ford.* Drückt Zweifel und Überraschung aus.

Geier
-Wenn man etwas nicht weiß, heißt es: *Waas de Geier.*
-Wer *geiert,* ist auf der Suche nach Vorteilen.

Gelackmeiert
Beschissen, betrogen, übervorteilt. Mit einem billigen Trick
raffiniert über den Tisch gezogen.

Geldscheißer
Beherrscht die wundersame Geldvermehrung.
:≡ Wird fast nur negativ benutzt. *Isch bin doch kåån Geld-
scheißer,* sagt man, wenn laufend mehr Geld gefordert wird.
Heute heißen Geldautomaten auch *Geldscheißer.*

Gelersch
Krempel, Plunder, alter Kram. Auch alte Häuser.

Gell
Stimmts? Nicht wahr? *So isses.*

Gellern
Laut und zickig reden. Mancherorts auch *Gillern.*

Gelump
Alles Mögliche, die Siebensachen, Sack und Pack.

Gemies Kersch
Die ehemalige Frankfurter Großmarkthalle.

@ Seit 1928 wurde von dort aus frühmorgens das junge Gemüse und frische Obst in den regionalen Handel gebracht. Das Gebäude wurde 2010 entkernt und in die Europäische Zentralbank umgewandelt. Zusätzlich wurde ein 185 Meter hoher, zweiteiliger Glasturm angebaut. Die *Frånkförter* nennen das Objekt inzwischen *Geldkersch*.

Gepeffert
Scharf, mit unnachsichtiger Härte. Zum Beispiel einen *gepefferten* Brief oder eine *gepefferte* Rechnung bekommen.

Geraffel
-Allgemein für unordentliches Zeug.
-Schlechte Zähne, auch *Steinbruch im Mund*.

Geräusch
Der Kahlgrund ab Alzenau. → Busch.
Q Mir fåhrn mit de Bembel naus ins Geräusch.

Gerippte
Apfelweingläser mit traditionellem Rippenmuster.

Geriss
Chancen beim anderen Geschlecht. Glück beim Flirten.

Gesalze
Heftig, unerwartet teuer. → Gepeffert.
Q Die Reschnung vom Dokter hot sich gesalze.

Geschiss
Um eine Sache herum viel Aufhebens machen. → Gedees.
Q Mach ned so e Geschiss.

Geschmiert
Wenn es *wie geschmiert* läuft, dann ist entweder kein Sand mehr im Getriebe oder man hat Schmiergeld bezahlt.

Gesetzje
Einer der fünf Abschnitte beim Rosenkranzgebet.

Gesoggs
Gesindel, üble Truppe.

Gesöff
Billiges, abgestandenes, geschmackloses Getränk.

Getånkt
Wer stark betrunken ist, *hot gånz schee ååhn getånkt*.

Geue
Uninteressante Frau, Langweilerin. → Druschel.
@ Im Jüdischen gibt es das Wort *Goi*. Damit werden nicht-jüdische Personen bezeichnet.

Geulsbolle
Pferdeäpfel.

Geulswespe
Hornisse.

Gewellte
Pellkartoffeln. Auch *Pellmänner* oder *Kwellde*.
:≡ *Gewellte* kommen in unzähligen Varianten auf den Tisch. Mit gebräunten Zwiebeln, mit Leinöl, Dickmilch oder mit Salz und Butter. Das einfache Abendessen heißt *Gewellte mit Dubb Dubb*. Sehr beliebt ist auch die Kombination von *Gewellte* mit *Hausmacher Worscht*, vor allem mit frischer *Läwwerwörscht* und mit *Kummern*.
@ Große Familien kellerten im Herbst oft über zehn Zentner Kartoffeln ein, die dann bis zum Sommer reichen mussten. Damit sie nicht austrieben, wurden sie oft mit Kalk bestreut und mit alten → Koldern vor Licht geschützt.

Gewidderhex
Bösärtige Frau.

Gewidderkerze
Geweihte Kerze.
@ Die Gewitterkerze wurde bei aufziehendem Unwetter angezündet. Dann saß die Familie rosenkranzbetend zusammen, um von Blitzschlag, Feuer und Wasserschaden verschont zu bleiben. Zudem wurde mit den Kirchenglocken *Sturm geläut*, wenn sich schwere Unwetter ankündigten.

Gibbsje
Kleine Tabakspfeife. → Kloowe.

Gickel
- Hahn. Kapitän und Begatter der → Hinkel.
- Aufgebrachtes Gefühl wenn sich einer aufregt.

Q Mir schwellt gleisch de Gickel. Oder de Kamm.

Giftzeddel
Schulzeugnis.

Giggele
Lachen, kichern. → Gillern.

Gillern
Aufgeregt in sich hinein lachen, laut kichern. → Giggele.

Gischbel
Kasper, Spinner.

≡ Einer der sich mit nervigen Späßen als Clown aufführt.

Glabustern
Etwas machen. *Rumglabustern.*

Glåmüsern
Etwas in Kleinarbeit zurecht machen, zusammenbasteln.

Q Des hoste jå widder gånz schee zåmmeglamüsert.

Glotze
- Fernseher.
- Neugierig schauen, etwas mit starrem Blick beobachten.

Glotzofon
Brille.

≡ Trifft vor allem für dicke Hornbrillen zu, die sogenannten *Nåsefåhrräder.* → Spekuliereise.

Glubschaache
Große, hervortretende Augen. Froschaugen.

Glugg
Abfällig für eine einfältige Frau.

Q Des is e dumm Glugg.

Glugge

Die Familie zusammenhalten, die Kinder übermäßig behüten. Neudeutscher Begriff: Helikopter-Eltern.

Gnick

Bereich der Halswirbelsäule, der das Nicken ermöglicht. Das Wort kommt in unzähligen Redensarten vor.

Q Du kriehst gleisch âh ins Gnick.

Oder wenn sich einer geschäftlich verhoben hat:

Q Des brischt dem es Gnick.

Oder wenn man sich einen Zug geholt hat:

Q Der hot e steif Gnick.

Gode

Die Taufpatin. → Geetsche. Gegenteil: → Petter.

Goggo

Kurz für Goggomobil.

@ Das Kleinauto wurde von 1955 bis 1969 von der Firma Hans Glas in Dingolfing hergestellt. Das Auto war bezahlbar, sehr beliebt und weit verbreitet. Im Volksmund hieß es *Floh mit Ausbuff*. Ein Goggo fuhr bis zu 85 Stundenkilometer schnell und kostete in der Grundversion 3.000 Mark.

Es gab eine Limousine, ein Coupé und sogar einen Transporter. Bis zu vier Personen hatten (wenig) Platz. Wenn das Auto unbesetzt oder unbeladen war, fielen die deutlich schräg stehenden Räder auf.

Vorgänger war ein Goggo-Motorroller, den die Glas-Werke drei Jahre vor dem Auto auf den Markt gebracht hatten. Dieser Roller war nach einem Enkel von Hans Glas benannt, der den Spitznamen *Goggo* hatte.

Goggolores

-Unsinn, Unfug, Gegacker, Gockelei.

-Im karnevalistischen Sinne ist es witziger Nonsens.

≔ Mit Kokolores ist im Wortsinn ein gespreiztes Verhalten und Angebertum gemeint, abgeleitet vom französischen Wort «le coq», der Hahn.

Vor allem durch die *Meenzer Fassenacht*, bekam es hierzulande aber eher den Sinn des witzigen Blödsinns. Lachnum-
mern, wie zum Beispiel die *Heißmann und Rassau* Auftritte
bei Fastnacht in Franken, sind reiner *Goggolores*.

Googs
Kugelrunder schwarzer Hut, Melone.

≔ Wahrscheinlich leitet sich davon der ↦ Graf Googs ab.

Gohl
Stresspunkt, Reizpunkt. *Uffs Gohl gehe*: andere nerven.

💬 Geh mer ned uffs Gohl.

Gondele
Mit dem Fahrrad, Moped oder Auto zum Zeitvertrieb in der
Gegend herumkutschieren.

Gong
-Jemandem eine verpassen, *en Gong gäwwe*.
-Sich einen Vollrausch antrinken.

Gräädsche
Die *Grääsche* mache. Umfallen, kaputtgehen, *de Geist uff-
gäwwe*, sterben.

Grädsje
Das Uniform Schiffchen, Soldatenkäppi.

Grådwohl
Eine Sache, die man spontan und ohne viel Planung angeht,
macht man *uffs Grådwohl naus*.

Graf Googs
Einer der geziert vorgibt, mehr zu sein als er ist. Ein Snob,
Angeber und Vornehmtuer.

Griesgråm
Ständig schlecht gelaunter Mensch.

Grie Soos
Grüne Kräutersoße.

≔ Typisches Frankfurter Rezept aus sieben Kräutern: Bor-
retsch, Kerbel, Kresse, Petersilie, Pimpinelle, Sauerampfer

und Schnittlauch. Traditionelles Essen in der Karwoche mit Pellkartoffeln und gekochten Eiern. Die «Frankfurter Grüne Soße» ist seit 2016 von der EU durch ein Gütesiegel geschützt und muss aus dem Anbau im Raum Frankfurt kommen.

Griffel
- Weißer Schreibstift für Schiefertafeln, die früher vor allem in den ersten Schulklassen statt eines Schreibheftes benutzt wurden. Es gab harte Griffel und weiche Milchgriffel.
- Die zehn Finger.

Q Wäsch der die Griffel. Oder: Nemm deu Griffel weg.
Und wenn jemand trotz Verbotes mit etwas nicht aufhört:
Q Es gibt gleisch wås uff die Griffel.

@ Ich muss eine *Griffel* Geschichte loswerden, von der ich nicht weiß, ob man wirklich drüber lachen kann. Ich stand in der Küchenabteilung eines bekannten Möbelhauses. Neben mir inspiziert eine Frau eine Musterküche. Sie öffnete Schranktüren und Schubladen, drehte neugierig an den Knöpfen der Elektrogeräte. Plötzlich taucht hinter ihr der wohl schon etwas vergreiste Seniorchef auf und herrscht die Kundin an: «Griffel weg!»

Grind
Wundschorf. ➙ Schinnbladde.

≣ Von einer *Grindschnute* spricht man, wenn einer *e bees Maul hot*, also eine Herpes Lippen-Entzündung.

Grips
- Verstand, Köpfchen, Intelligenz.
- Kerngehäuse von Apfel und Birne.

Q Der håt de Abbel bis uff de Grips gesse.

Grissl
Ekel, Abscheu.

Gritzekrie
- Giftgrün.
- Bezeichnung für unreifes Obst.

Q Ess des ned, des is gritzekrie und mescht Dörschfall.

Groggy

Total erschöpft, kaputt, übermüdet. → Erschosse.

Grüne Minna

Polizeifahrzeug für Gefangene.

:≡ Die Grüne Minna ist eine Art Omnibus, allerdings mit kleinen, vergitterten Fenstern, mit dem Straftäter abgeholt oder weitertransportiert werden.

Grüß Gott

-Ankündigung, dass es jetzt kein Pardon mehr gibt.

Q In so em Fall kennt der kein Grüß Gott.

Grummet

Grasschnitt auf der Wiese, um Heu zu machen. Auch *Oumed*. Die erste, zweite und dritte *Mahd*.

Gummifudd

Schwarze, elastische Gummischale zum Anrühren von Gips oder Schnellzement.

Gummitwist

Kinder-Hüpfspiel mit Gummiband, bei dem es auf Geschicklichkeit, Rhythmus und Körperbeherrschung ankommt.

Gummizelle

Arrestzelle der Polizei, in der man sich nicht verletzen kann. Heißt heute Kriseninterventionsraum.

Gusche

Abfälliges Wort für den Mund.

Q Halt deu Gusche.

Gutkadohlisch

Steigerung von katholisch.

:≡ Ultimativ gesteigert wäre strengkatholisch oder erzkatholisch. Gleich danach kommt die Heiligsprechung.

Guuz

Bonbon. Auch *Guuzje*.

H

Häbbesje
- Kleine Ziege.
- Kleines Kind.

Hähle
Großvater. Greis, alter Mann.

Härsch
Hilferuf, wenn einem alles zu viel wird.
:≡ Gemeint ist wohl ein Hirsch, wenngleich der nichts für den Stress kann, wenn einer schreit:
💬 Isch werd noch en Härsch.

Häschhadds
Gelbblühender Ginster.
:≡ Aus den Ästen lassen sich einfache Besen herstellen.

Haderlumbe
- Putzlappen. Allgemein auch für schlechten Stoff.
- Ein schlechter, durchtriebener Mensch.
- Volksmusik: Die «Zillertaler Haderlumpen».

Håffe
Gefäß, Topf, Tasse.

Hagestolz
Eingefleischter, bereits in die Jahre gekommener und etwas kauziger Junggeselle.

Haggelschen
Die ersten Zähne in der Kindersprache. Milchzähne.

Hahre
Ein Haushalt, eine Familie oder Gruppe, die sich im völligen Durcheinander befindet.
💬 Bei dene gehts jå zu wie bei de Hahre.
Oder man sagt: Hier sin Zuständ wie bei de Hottentotte.

Halbseiden
Teuer, aufdringlich, oft geschmacklos, aber meistens unseriös, anrüchig und zwielichtig.

Halligalli
Partystimmung.

Hallodri
Leichtfüßiger Typ, Taugenichts.

Håmduggser
Hinterhältiger, falscher, verschlagener, linker Kerl.

Håmfuzzje
Heimchen am Herd.

≔ *Håmfuzzje* ist ein abfälliges Wort für eine Frau, die sich passioniert um Kinder und Haushalt kümmert, die also kaum aus dem Haus geht, höchstens um die Kinder in die Schule zu bringen, auf den Markt einzukaufen oder um sonntags in die *Kersch* zu gehen.

Håndiern
Etwas machen, bearbeiten, bewerkstelligen.

Hånnebåmbel
- Gutmütiger, einfältiger Kerl. Auch Spinner. ➤ Bajass.
- Alternative Kneipenkooperative in Aschaffenburg in der Nähe des Hauptbahnhofes.

Hårz
Quatsch, Dummes Zeug.
💬 Babbel ned so en Hårz.

Håsebrot
Übrig gebliebene Pausenbrote, die Arbeiter früher in ihrer Brotbüchse wieder mit nach Hause brachten.

✐ Pausenbrote wurden in Papier eingeschlagen, kamen in die Brotbüchse und die wurde in der Aktentasche verstaut. Nun kommt die Story: Bei Bahnpendlern sei morgens beim Warten am Bahnsteig ein Hase über die Aktentasche gesprungen, und dabei hat sich das Pausenbrot in ein fabelhaftes *Håsebrot* verwandelt. Letztlich war das Märchen ein billiger Trick, um die Kinder zum Essen der Wurstbrotreste zu animieren, denn weggeworfen wurde nichts.

Håsebusch
Löwenzahn.

Håsefuß
Überängstlicher, schnell zurückweichender Mensch, der Entscheidungen aus dem Weg geht. Auch *Håseherz*.

Håseöhrchen
Feldsalat. Auch Rapunzel oder Vogelsalat.

Haspel
Eisbein. Gegrillte oder gekochte Schweinshaxe.

Hassard
Hass auf etwas haben.

Hatzi
Blumen in der Kindersprache.

Hau
Wer einen *Hau* hat, der ist irgendwie nicht ganz normal, nicht *rischdisch im Kopp*.

Hauderer
Fuhrmann.

Hausdrach
Krawallige Ehefrau oder Schwiegermutter.

Hausierer
Vertreter von Waren und Dienstleistungen, die meist unangemeldet an der Haustür klingeln.
@ Hausierer standen früher fast täglich in der Haustür, bevorzugt in den ländlichen Gebieten. Sie verkauften vieles, was man täglich brauchte. Seife und Shampoo, Besen und Bürsten. Aber auch Weihnachtskarten die «mit dem Munde gemalt» waren, Staubsauger, Zeitungsabos, Bausparverträge und Dienstleistungen.

Im Laufe der Zeit mutierten die Hausierer zu gut angezogenen Vorwerk Staubsauger Vertretern oder Avon Kosmetik Beraterinnen. Inzwischen kommen sie zu Tupper- und Dessous-Parties oder zu Thermomix Kochkursen ins Haus.

Hebbisch
Mannstoll, aufgekratzt, liebessüchtig.

Heckewertschaft
Zeitweiser Gasthausbetrieb eines Winzers. Auch Besenwirtschaft oder Straußwirtschaft.

✐ Korrekt müsste es Häcker-Wirtschaft heißen, denn die Bezeichnung hat ja nichts mit einer Hecke zu tun. Der Begriff leitet sich von der Tätigkeit des Häcker ab. So werden in Franken die Weinbauern genannt, die rund um die Rebstöcke den Boden immer wieder mit der Hacke auflockern müssen. An Steilhängen ist das Schwerstarbeit.

Heckewertschafte gibt es auch bei den unzähligen Äbbelwoi Keltereien. In Bayern wurde das erst im April 2016 durch einen Erlass der Staatsregierung geregelt. Seidem sind Winzer und Apfelweinkelterer gleichgestellt. Diese Verordnung wurde übrigens auf Anregung der Geiselbacher Bürgermeisterin Marianne Krohnen auf den Weg gebracht. Kein Wunder, bei den vielen Streuobstwiesen und Apfelwein Keltereien rund um Geiselbach. Krohnen ist übrigens die dienstälteste Rathauschefin in ganz Deutschland.

Der Begriff Straußwirtschaft ist eher in den hessischen und rheinhessischen Weingegenden üblich. Für sie gilt: «Wo es Sträusje hängt, werd ausgeschenkt». Denn man schmückt das Haus mit einem grünen Strauß, sobald der Gastbetrieb geöffnet ist.

🗨 Mir gehn heut in die Hecke.

Heef
Wer betrunken ist, hat die *Heef.*

Hefeklees im Krobbe
Dampfnudeln.

@ Die Hefeklees werden in mehreren Kochtöpfen gleichzeitig im Dampf gegart. Aufgetischt wird die Leibspeise vieler Kinder mit Vanille-Soße oder mit eingemachtem Obst.

Heftsche
Sammelwort für kurzweilige Unterhaltungslektüre.

@ Als *Heftsche* gelten Comix wie Sigurd, Micky Maus oder Fix und Foxi, Auch Krimis, Lanzer-, Arzt-, Heimatromane, Liebesromanzen und Heftchen mit *naggische Weiwer.* Besonders famos war in den Sechziger Jahren «Das Paradies», das unter der Hand weitergegeben wurde.

Im Religionsunterricht wurden die *Heftschen* als Schundlektüre gegeißelt, die den Charakter verderben. So fand auch «Das Paradies» sein reumütiges Ende im Beichtstuhl.

Hegglebaasch
Heruntergekommes Anwesen. Auch allgemein für Zeug.

Heia
Bett, vor allem das Kinderbett.

Heidekind
Ungetauftes Kind.

@ Früher konnte man für eine Spende von fünf Mark, ein Kind in Afrika von katholischen Missionaren taufen lassen, um sie zu Christen zu machen. Der Spender erhielt ein Bild vom Taufkind. Manchmal kamen handgeschriebene Briefe, oder Fotos und Zeichnungen der Patenkinder aus Afrika zurück und man konnte ihnen auch schreiben.

Traditionell kauften Erstkommunikanten vom ihrem Geschenkegeld ein Heidekind. Ich hatte zwei, sie hießen Yala und Tajo und konnten sehr schön malen.

Heiern
Heiraten. Mit der Eheschließung ist man *voheiert.*

Heilischer Bimmbåmm
Ausruf der Verwunderung, oft aber auch ein Zeichen der Verzweiflung und Ratlosigkeit. Ähnlich wie *Mein Godd.*

Heilischer Heinz

Spitzname von Heinz Schenk, der 2014 mit 89 Jahren gestorben ist. In Sachsenhausen gilt er als *Äbbelwoi Gott*.

✐ Heinz Schenk wurde vor allem durch die Sendung «Der Blaue Bock» im Hessischen Rundfunk bekannt, die er zusammen mit Lia Wöhr moderierte.

Die Kultband «Rodgau Monotones» huldigte ihm ebenfalls in einem Song: «Unser David Bowie heißt Heinz Schenk».

Heillos

Überraschend, verstrickt, verworren, verfahren.

Q Do herrscht e heilloses Tohuwabohu.

Heimaweiter

Jemand der zuhause für eine Firma arbeitet.

✐ Früher liesen viele Firmen ihre Produkte in Heimarbeit fertigstellen oder verpacken. Da musste die ganze Familie mithelfen. Sehr verbreitet war im Kahlgrund das Zigarren rollen und rund um *Aschebersch* und Großostheim die Heimschneiderei. Im Kahlgrund arbeiteten viele Familien bis in die Achtziger Jahre für die *Schöllkröpper* Firma Gries, die Christbaumschmuck fabrizierte. Daraus ist übrigens das Handelsunternehmen «Depot» entstanden.

Heize

Rasen, riskant und halsbrecherisch schnell fahren.

→ Bloggern. → Brettern.

Helfgott

Zuruf wenn jemand nießt, anstelle von *Gesundheit*. Manche sagten auch *helfgottsche*.

☰ Der Segenszuruf stammt aus der Zeit der Pest, wo jeder Angst vor einer Ansteckung hatte. Denn gerade auch durch das Nießen wurden die totbringenden Viren übertragen.

Hellsche

-Bildstock.

-Kleiner Schuppen oder Unterstand.

Herrnkaste

Gehirn, Denkapparat. → Summser.

Q Do musste deun Herrnkaste halt emol ohstrenge.

Herrjeh

Ausruf, wenn etwas nicht so gelaufen ist, wie man es sich vorgestellt hat.

Herrschaftszeide

Verärgerter Ausruf der Ungeduld.

Q Herrschaftszeide nochemol.

Hibbdebach/Dribbdebach

Rechte oder linke Flussseite.

@ In Frankfurt liegen die Stadtteile entweder *hibbdebach* oder *dribbdebach*. Sachsenhausen zum Beispiel erreicht man *dribbdebach* am besten über den Eisernen Steg, Kaiserdom und Römer wiederum stehen *hibbdebach*.

Hiffe

Hagebutten. → Aschkitzel.

:≡ Beliebt ist das Ansetzen von Hagebuttenlikör.

Higgele

Auf einem Bein hüpfen.

Hinkel

Hühner, Hennen.

:≡ Werden im *Hinkelhof* gehalten, schlafen im *Hinkelstall*, machen *Hinkelsmist* und legen *Hinkelseier*.

Hinnerfotzisch

Heuchlerisch, durchtrieben, gemein, verlogen.

Hinnerschteverrerscht

Verkehrt herum.

:≡ Man kann ein Kleidungsstück verkehrt herum, also *hinnerschteverrerscht* anziehen. Völlig verdrehte Ansichten gelten ebenso als *hinnerschteverrerscht*. Auch homosexuelle Männer werden manchmal als *hinnerschteverrerscht* geschmäht.

Hitzeblitz
-Hansdampf in allen Gassen.
-Choleriker, der sich schnell aufregt und bei jeder Kleinigkeit sofort auf *hunnerdåchzisch* ist.
- Einer der eine Sache unüberlegt im Eiltempo angeht.

Hobbs
Kaputt, verloren, verschwunden, gestorben.
💬 Der/die/das is hobbs gånge.

Höchste Eisebåhn
Es ist dringend Eile geboten.

Hofferåt
Das Ganze drum und dran. Oft auch Haus und Hof.

Hoiner
Heiner oder Heinrich.
≡ Heiner ist der Spitzname der Darmstädter. Das jährliche Volksfest heißt deshalb Heinerfest. Der häufigste Name in Darmstadt soll früher aber Georg gewesen sein. Daher kommt der Spruch: *Alle Hoiner haase Schorsch*.

Holler
Hollunderbaum.

Hornochs
Sturkopf, dickköpfiger *Tråmpel*.

Hoseschisser
Jemand der Angst vor etwas hat.

Hosestall
Eingriff an der Männerhose, der Hosenschlitz.

Hotwollee
Leute, die was besseres sind. Neureiche, Jet Set.

Hubbel
Kleine Erhöhung, Schlagloch.
≡ Rumpelige Schadstelle einer asphaltierten Straße, wenn zum Beispiel eine Wurzel die Teerdecke aufgebrochen hat.

Huddele
Etwas schnell, aber unordentlich erledigen, *verhuddele*.

Hugge
Der Rücken.

≡ Einen auf dem Rücken tragen, ihn *huggepack* nehmen.
Der Ausdruck hat mehrere mundartliche Ausformungen:
- *Die Hucke voll kriesche*: Verprügelt werden.
- *Die Hucke voll lüsche*: Jemanden dreist anlügen.
- *Die Hucke vollsaufe*: Sich total betrinken. Komasaufen.

Humbe
Trinkgefäß, zum Beispiel ein Bierkrug,

Humma
Humanistisches Gymnasium in Aschaffenburg, das heutige
Kronberg Gymnasium.

@ Als ich in den Sechziger Jahren ins *Humma* ging, hatte
das Gymnasium noch kein eigenes Schulgebäude. Das ehemalige Schulhaus stand seit 1620 in der Pfaffengasse, neben
der Jesuitenkirche und dem Studienseminar, dem → Semmel, und war im Krieg völlig zerbombt worden. Der Haupt-
sitz war in der Grünewaldsstraße, im musischen *Deutschen
Gymnasium*, dem heutigen Dalberg Gymnasium.
Die Lehrkräfte am *Humma* mussten wegen des Platzman-
gels sehr mobil sein, weil die Schulklassen in verschiedenen
Gebäuden der Stadt hilfsweise untergebracht waren: In der
Kolpingschule am Dämmer Steg und in der Maria Ward-Schu-
le am Marktplatz, der heutigen VHS. Weil das immer noch
nicht ausreichte, gab es auch Unterricht in windschiefen,
schlecht geheizten Baracken auf der Großmutterwiese. Dort
war übrigens die übel stinkende Klobaracke legendär. Alle
Wände waren nämlich mit detaillierten Zeichnungen und
Erklärungen vollgekritzelt, die den schulischen Aufklä-
rungsunterricht völlig überflüssig machten.
Den Grundstein für das heute Schulgebäude in der Fasanerie
legte im September 1965 Ministerpräsident Alfons Goppel.

Vorausgegangen war ein erbitterter Streit in der Bevölkerung. Eine Bürgerinitiative plakatierte die Parole: «Bürger rettet eure Fasanerie». Dabei ging es nur am Rande um den Naturschutz. Vor allem wurde die Befürchtung thematisiert, dass es die Schüler mit den Schülerinnen in den Pausen oder nach der Schule im Wald *treiben* könnten.

Streitigen Disput gab es auch zwischen der Staatsregierung und den *Aschebäjer* Stadträten. Die hätten das Kronberg Gymnasium lieber im heutigen Schulzentrum in Leider gesehen, doch die CSU Landesregierung setzte sich autoritär durch, trotz der Sexwald Bedenken.

Hundeelend
Sich gesundheitlich schlecht fühlen. Wegen einer belastenden Situation wie ein Hund leiden.

@ Da fällt mir Edmund Stoiber ein. Ende 2005, als Kanzlerkandidat gescheitert, wollte er kein Superminister werden, sondern nach langem Zick-Zack-Kurs doch Ministerpräsident in Bayern bleiben. Auszug aus seiner Parteitagsrede: «Es tut mir leid, dass ich damit die Partei und Sie alle in eine schwierige Lage gebracht habe. Ich leide selbst außerordentlich, ich leide wie ein Hund». Der Arme.

Hundesohn
Herabwürdigendes Schimpfwort unter Halbstarken.

@ Auch wenn ich nie ein Halbstarker war, einmal habe ich meinen Bruder daheim im Streit als *Hundesohn* beschimpft, ohne mir je Gedanken über den Wortsinn gemacht zu haben. Mein Vater fühlte sich jedoch angesprochen und kommandierte mich nachmittags um halb vier wütend ins Bett. Nur kurz zum → Nachtesse durfte ich noch einmal aufstehen.

Hundsfotze
Nichts.

≔ Wem ein vorgesetztes Essen nicht passt, der wird mit der barschen Erklärung abgespeist:

Q Wenn ders ned basst, dånn isst de halt Hundsfotze.

I/J

Idee
Kleine Menge.
💬 Des is zu → leis, do gehehrt noch e Idee Salz neu.

Imst
Eine Portion Essen.

In åner Dur
Unaufhörlich, immer wieder aufs Neue.

In de Reih
Gesund, ordentlich, sauber.
💬 Nach einer Krankheit: Biste widder in de Reih?
Oder allgemein: Hösde deu Sache in de Reih?

Itacker
Wenig freundliche Bezeichnung für italienische Landsleute,
die früher als Gastarbeiter nach Deutschland kamen.

Jabbse
Außer Atem sein, nach Luft schnappen.

Jåcht und Zucht
Lautes, störendes Verhalten.
💬 Mach ned so e Jåcht un Zucht.

Jåchtschoi
Hat umgangssprachlich nichts mit der Jägerei zu tun. Wer
den Jagdschein hat, gilt nämlich als nicht ganz richtig im
Kopf und gehört nach → Lohr.

Jäscherladein
Übertriebene oder frei erfundene Geschichten von aufre-
genden und angeblich erfolgreichen Jagderlebnissen.

Jaggert
Einer der schnell hin und her macht, ist *jaggerd*.

Jåmmerlabbe
Unzufriedener Mensch, Jammerer.

Jass
Aufbrausender, hitzköpfiger Mensch. ⇢ Zornickel.

Jaunern
Jammern, quengeln, winseln, lamentieren.

Jesses
Ausruf wenn man überrascht, erstaunt, erschrocken ist.
≣ Das Wort sollte ein gläubiger Mensch nicht in den Mund nehmen, denn mit Jesses ist Jesus gemeint. Trotzdem rufen manche in der Begeisterung oder vor Entsetzen gleich die ganze heilige Familie herbei: *Oh Jesses, Maria un Josef.*

Jobbe
Sportliche Jacke, Janker.

Joggel
Dummkopf, Sonderling, Spaßvogel.

Jost
Einfältiger Mensch.

Jouger
Unklar, undurchschaubar, riskant, sogar gefährlich.
≣ Jouger kann sich auf Sachen oder Personen beziehen.
💬 Die Sach is mer ned gånz jouger.
Oder: Der Kerl is mer ned ganz jouger.

Juchhee
Oberste Galerie im Theater.

Juchte
Zähes Leder.
≣ Übliches Wort für zähes, schlecht gebratenes Fleisch.
💬 Des is jå zeh wie Juchte.
Oder: Des Schnitzel is so hart wie e Schuhsohle.

Jugge
- *Juggd misch ned*: Interessiert mich nicht.
- *Deht misch jugge*: Das würde mich reizen.

Juggele
Unruhig hin- und herrutschen.

Jungspund
Unerfahrener junger Mensch, noch *grün hinner de Ohrn.*

Justament
Jetzt erst recht.
≔ Standpunkt, den jemand aus Gründen des Prestiges, aus
Prinzip oder aus Trotz nicht fallen lässt, obwohl längst keine
sachlichen Gründe mehr dafür sprechen.

Juweljohr
Besondere Ereignisse finden nur *alle Juweljohr* statt.

K

Kabäusje
Kleine Hütte, winziger Arbeitsraum, enges und unordentliches Büro. → Kabuff.
Q Der hockt in seum Kabäusje un schafft nix.

Kabbes
Quatsch, dummes Zeug.
≡ Kabbes bedeutet eigentlich Kohl-Gemüse.

Kabbo
- Chef, Polier.
- Im Dritten Reich war der *Kabbo* ein Hilfs-Lageraufseher.

Kabuff
Kleiner heruntergekommener Raum. → Kabäusje.

Kadi
Richter, Richterstuhl oder allgemein das Gericht.
≡ Der Begriff kommt vom arabischen Wort Qadi, Richter.

Kagge
Mist.
Fluchender Ausruf wenn etwas nicht klappt wie geplant.
Q Des is totale Kagge.

Kälbern
Kotzen, sich übergeben, brechen, erbrechen.

Kafruhse
Sippschaft, Clan, Großfamilie. → Blåse. → Bagaasch.

Kåhn
Bett. → Falle, → Heia, → Nest.
Q Lesch disch in de Kåhn. Oder: Der leit noch im Kåhn.

Kaldmache
Jemanden umbringen. → Åbmurkse.

Kall Napp

Verpeilte, auch schlecht oder unpassend gekleidete Person.

Q Der sieht jå aus wie Kall Napp uff de Flucht.

@ Als Begriff ist der Name vielen geläufig, aber kaum einer weiß noch, wer Karl Napp eigentlich war. Also: Der Mann hieß eigentlich Carl Nohé und war in den Zwanziger Jahren als Humorist, Kabarettist und Schauspieler berühmt. Neben vielen Schallplatten veröffentlichte er 1939 das Buch: «Die schönsten Rosinen aus dem Nappkuchen». Karl Napp bezeichnete sich auch als «Mann mit der Wellblechhose», «Der Abwaschbare», als Erfinder der «lenkbaren Bratkartoffel» oder der «ärmellosen Tarnkappe». Man kann aussehen *wie Kall Napp auf der Flucht* oder wie *Kall Napp im Urlaub*.

Kåmbern

Herumkaspern, herumturnen, rangeln, sich balgen.

Q Hehrt emöl uff hier rumzukåmbern.

Kåmmort

An keiner Stelle, nirgendwo, an keinem Ort.

≡ Liegt die Sache woanders, dann liegt sie *Ånnermōrte*.

Kanallje

Verrückter Mensch, Außenseiter. → Jockel.

Q Des iss vielleischt e Kanallje.

Kanapee

Hohes Liegesofa, auch *Kautsch*.

Kandare

Jemanden an die Kandare nehmen heißt, ihn unter Kontrolle stellen, seine Freiheit einschränken. → Fuchtel.

≡ Die Kandare kommt vom Pferdesport und ist die Gebissstange am Zaumzeug.

Kanone

Jemand der etwas besonders gut kann, ist eine Kanone.

≡ Wir kennen die Sportskanone, die Unterhaltungskanone, die Gesangskanone usw.

Karacho
Hohes Tempo.

Karelle
Damen-Halskette.

Karona
- Sippschaft.
- Gruppe lärmender Kinder.

Kasche
Jemanden fassen, festnehmen, verhaften.
Q Zum Glick håmmse den endlisch gekascht.

Kaschemme
Heruntergekommenes Lokal mit sehr schlechtem Ruf. Treffpunkt für schräge Vögel und finstere Gestalten. *Spelunke*.

Kassoode gehe
Traatschen, Dorfklatsch weiter erzählen.

Katzebuggl
- Krumer, runder Rücken.
- Kleiner Berg
- *Katzebuggele*: anbiedern, einschleimen, unterwerfen.

Kaude
Grube, Komposthaufen, auch *Mistkaude*.

Kauderwelsch
Unverständliches Gerede.
Q Die babbelt vielleischt en Kauderwelsch zåmme.

Kawentzmann
Großer Brocken, riesiger Stein.

Kees
Misslungenes, Unerwünschtes.
Q So en Kees. Oder: Des is doch alles Kees.
@ Kees war auch der Spitzname meines Bruders, weil er in der Messdienerstunde einen vergessenen, stinkenden *Håndkees* vom letzten Einkauf aus der Hosentasche kramte.

Keesisch
Blasse Haut, vor allem im Gesicht.

@ Im Sommer war es auch früher schon angesagt, schön braun zu sein. Also legte man sich im Schwimmbad oder zuhause stundenlang in die pralle Sonne. Hautkrebs war damals kein Thema. Beliebte Bräunungsmittel waren das «Tiroler Nussöl», «Delial», oder wer sich es leisten konnte, das teuere «Piz Buin». Blonde und Rothaarige bekamen aber höchstens Sommersprossen und im Nu einen Sonnenbrand. Oder sie blieben im Schatten und sahen halt *keesisch* aus.

@ Als Kind war ich übrigens nicht nur rothaarig, sondern mangels Pigmenten auch im Sommer meistens *keesweiß* und immer voller Sommersprossen. Süß, würde man heute sagen. Doch ich fand das gar nicht lustig. Denn einem Rothaarigen wurden alle möglichen Hexen- und Teufels-Eigenschaften angedichtet. Eine Frau soll beim Blick in meinen Kinderwagen einmal ausgerufen haben: «Oh Jesses, der håt jå roode Hōōrn!» Schrecklich. Mit den Sommersprossen war es auch nicht besser. Rettung versprach mir ein Werbeschild am *Aschebäjer* Hauptbahnhof: «Sommersprossen? Da hilft Drula Bleichwachs!» Das Zeug gibts heute noch, für mich war es damals leider unerschwinglich.

Keeskobb
Wenig freundlicher Spottname für Holländer.

Kerbborsch
Ausgestopfte Figur zur Kirchweih.

@ Eine meist mit liederlichen Klamotten angezogene Strohpuppe, die zum Beginn der Kerb inthronisiert wird. Am Kerbende wird der *Kerbborsch* mit einem Trauermarsch zu Grabe getragen, mit «Weihwasser» bespritzt und unter Geheule verbrannt. Als kleiner Messdiener kam mir das allerdings verboten und blasphemisch vor.

Kerbgeld
Taschengeld für das Vergnügen auf dem Kerbplatz.

@ Kindern wurden früher von Eltern, Großeltern und Verwandten ein paar Groschen zugesteckt, damit sie Riesenrad fahren und Lose kaufen konnten. Zusätzlich standen die Kleinen geduldig am Rand des Karussells und warteten auf die Glocke, die ab und zu eine *Freitour* einläutete.

Extra Kerbgeld fanden die Buben unter der Raupenbahn oder Schiffschaukel, das den Kerbbesuchern aus der Tasche gerutscht war. Und wer beim Autoscooter half, bekam ein paar Freifahrt-Chips.

Kerbholz

Etwas auf dem Kerbholz haben heißt, Schulden oder ein schlechtes Gewissen haben.

@ Der Begriff stammt aus der Gastwirtschaft. Früher hatte jeder Gast sein eigenes Kerbholz, eine Art Kredit-Buchhaltung. Die Rechnung wurde Kerbe für Kerbe in die Latte geschnitzt, gekerbt. Am Monatsende hatte man dann einiges auf dem Kerbholz.

Kerschel

Dreck, Abfall, Unrat. Die *Kerscheltonne* ist die Mülltonne.

Kerschhof

Friedhof. Grenzte früher meist direkt an die *Kersch*.

Kesselfligger

Altes Wort für Kesselschmiede und Heizkesselbauer.

@ Kesselflicker war früher ein typischer Wanderberuf, wie zum Beispiel das Scherenschleifen. Die Handwerker zogen von Ort zu Ort, um ihre Dienste marktschreierisch anzubieten. Kam ihnen ein Wettbewerber in die Quere, brach schnell ein verbissener Konkurrenzkampf um die wenige Kundschaft aus. So hat sich die Redensart eingebürgert:

Q Die streite sich wie die Kesselfligger.

Kibbe

- Zigarette. → Lungebrötsche. → Leo.
- Holz oder Reisig hacken. → Welle.
- Trinken. *E Biersche kippe*.

Kibbl
Hügel, kleiner Berg.

Kibbsch
Kleine Stube.

Kieker
Jemand auf dem *Kieker* haben:
-Ihn im Auge behalten, um Fehlverhalten festzustellen.
-Ihn andauernd kritisieren, belehren, zurechtweisen.

Kieze
-Ein Korb, der auf dem Rücken getragen wird.
-Dicker Bauch, Wanst, → Schmeerbauch. → Ranze.
Q Månnomånn, du hōst e gånz schee Kieze griet.

Killekille
Kinderwort für kitzeln.

Kimmel reiwe
Eine Standpauke halten. Die → Lewidde läse.

Kinnerschees
Kinderwagen.
≔ Die *Kinnerschees* gehörte früher zum Familienbesitz und wurde über viele Generationen hinweg weitergegeben. Im Sommer fuhr man die Kinder im offenen *Sportwåche* spazieren, ähnlich dem heutigen Buggy, aber ohne jeglichen technischen Schnickschnack. Kleine Mädchen spielen gerne mit der *Bobbeschees*.

Kinkerlitzje
Unnötige Extras, Sonderwünsche. → Ferz.

Kinnerschul
Kindergarten.

Kissele
Hageln.

Kittsche
Knast, Gefängnis, Arrestzelle.

Kiwwele
Lauthals lachen.

Klåå Gewerzel
- Klein geschnittenes Suppengrün.
- Zappelige Kinder.

Klabbsmiehl
Irrenanstalt. → Nannhaus. Psychiatrische Klinik. → Lohr.

Klabustern
Etwas nur mäßig gut erledigen. Eigentlich etwas schmutzig machen oder etwas klebriges anfassen.

Kladderadatsch
Allgemein für Zeug, meist sind kaputte Sachen gemeint.
Den gånze Kladderadatsch kånnste komplett vogesse.

Kläppern
- Ein Ei schaumig schlagen.
- Katholischer Brauch in der Karwoche.

Kinder ersetzen mit Klappern und Ratschen am Karfreitag und Karsamstag die Kirchenglocken, die laut Legende nach Rom geflogen sind. Um sechs, zwölf und achtzehn Uhr, zieht man durch die Straßen, um ans Gebet zu erinnern. Früher waren das riesige Bubengruppen. Heute sind es oft nur noch eine Handvoll Kinder. Manche werden von ihren «Helikopter-Eltern» eskortiert, die sogar das *Kläppern* übernehmen. Am Karsamstag wird der Lohn mit Bollerwägen und Körben eingesammelt. Üblich sind vor allem Ostereier oder Schokolade. Am beliebtesten ist natürlich bares Geld. Bei der Verteilung kommt es regelmäßig zum Zoff, weil sich die Kleinen von den Großen *beschissen* fühlen.

Eine lange und gut gehütete Tradition hat das *Kläppern* in Horbach, wo heute noch bis zu hundert Junge und Alte gemeinsam durchs Dorf ziehen. Es werden ungewöhnliche Klapperbretter mit drei Klöppeln benutzt und ein ortseigener Klapperrhythmus geschlagen. Informationen sind unter www.horbacher-oster-klappern.de zu finden.

Klammerbeudel
Dünne Person, nur Haut und Knochen.

:≡ Oft hört man auch den Läster-Ausdruck *mit dem Klämmerbeudel gepudert*, wenn einer spinnt. Oder man sagt: *Den håmmse zu haas gebååd.*

Klamodde
Kleider, allgemein für alles was man anziehen kann. Aber auch ganz allgemein für alle möglichen Sachen und Habseligkeiten.

Klappern
Ankündigung von Sanktionen.

:≡ Wenn es klappert, dann ist Alarmstufe Rot erreicht.

💬 Wenn du ned soförst uffherst, dånn klapperts.

Klebber
@ Holzsandalen. Auch Holzclogs.

:≡ *Klebber* waren in den Sechzigern und Siebzigern sehr angesagt. Beim Laufen machten sie ein unüberhörbares *Klebber*-Geräusch. Die Luxusversion hatte rote Gumminoppen zur Massage der Fußsohlen. Die waren besonders *in*, aber beim Laufen erst mal gewöhnungsbedürftig.

Kleesbrieh
Kochbrühe für Klöße.

:≡ Das heiße Kochwasser ist natürlich trüb, wenn darin die Klöße gar ziehen. Trotzdem wird das Wort umgangssprachlich für alles mögliche verwendet, was glasklar und eindeutig ist.

💬 Des is klör wie Kleesbrie.

Kligger
Bunte Murmeln.

@ Kinder *kliggerten* mit den Glas- oder Tonkugeln, nachdem die Hausaufgaben erledigt waren. Dazu grub man eine faustgroße Kuhle in einen Sandhaufen und schnippste die auf Abstand geworfenen *Kligger* mit dem Zeigefinger möglichst mit einem Schuss in das Sandloch.

Kliggerwasser

Limonade oder Mineralwasser, mit Kohlensäure versetzt.
→ Bitzelwasser. Auch billiger → Schießbudesekt.

Klingebeudel

Kirchliches Gerät zum einsammeln des Opfergeldes.

Ø Der *Klingebeudel* war ein samtrotes Stoffsäckchen, das vom Küster oder von den Messdienern an einer langen Stange in die Bänke gestreckt wurde, damit die Gläubigen ihr Opfer einwerfen konnten. Niemand konnte sehen, was der Nachbar gegeben hatte. Am unteren Zipfel hing tatsächlich ein Glöckchen, das laufend bimmelte. Wahrscheinlich wollte man damit eingeschlafene Kirchenbesucher an ihre Geldspende erinnern. Der *Klingebeudel* wurde später durch Körbchen ersetzt, die man nun selbst weiterreicht.

Klitsche

Kleine, eher unorganisierte Firma. *Krämerlåde*.

Kloodsche

Hände, dicke Finger. → Griffel.

Q Nemm bloß deu Kloodsche weg.

Klotzaache

-Stark hervortretende Augen, Froschaugen.
-Spiegeleier.

Kloowe

- Tabakspfeife, wie bei Lehrer Lämpel in Max und Moritz.
- Haken an der Wand.

Ø Früher gab es im Haushalt weder Dübel noch elektrische Bohrmaschinen oder Akku-Schrauber. Wenn irgendwo ein *Kloowe* oder Haken gebraucht wurde, klopfte man zunächst ein Loch in die Wand und gipste ein Holzklötzchen ein. Nun konnte man den Kloowe oder Kleiderhaken ganz einfach hineineinschlagen oder hineindrehen.

Klosterbirn

Stachelbeere, → Druschel.

Klumbatsch

Ganz allgemein für irgendwelches Zeug. → Krembel.

Klunker

Dicke Schmucksteine.

:≡ Das Wort wird meistens neidvoll und oft sogar verächtlich benutzt, wenn bei der *Dame von Welt* die übertrieben dicken und meist unechten Klunker an den Händen und Ohren funkeln.

Knaatsch

Mit einem anderen eher unterschwellig und meist verbittert im Streit liegen. Mit jemand Ärger haben.

Q Der håt es gånze Johr Knaatsch mit seum Kolleesch.

Knabbse

Sparsam sein. Jeden Cent dreimal umdrehen.

Knacker

-Bockwurst

-Spöttisch für einen älteren Mann. *Alder Knacker.*

Knacks

-Bruchstelle, Schaden. Seelisches Trauma.

Q Der Abberat hot en Knacks.

Q Der Månn håt en Knacks devogetråche.

:≡ Das Wort wird bei psychischen Problemen verwendet, wenn jemand mit einem Schicksalsschlag nicht fertig wird. Soldaten haben nach gefährlichen Kriegseinsätzen oft einen *Knacks* oder neu-medizinisch formuliert, eine posttraumatische Belastungsstörung.

Knärrn

Schläge. → Schmiss.

Q Du kriest gleisch deu Knärrn.

Kneibsche

Kleines, scharfes Küchenmesser mit Holzheft.

Kneerzje

Begehrtes, kuspriges Endstück vom Brotlaib.

Knickerbocker
Wadenlange, weite Männerhose, deren Beine unterm Knie
zusammenbunden werden.

:≡ Die Bezeichnung beruht auf einer Satire des Amerika-
ners Washington Irving. Die Hauptfigur in einer seiner sku-
rillen Geschichten heißt «Jansen Knickerbocker». Das war
ein früher Siedler New Yorks, der als Auswanderer aus Holland über den großen Teich gekommen war. Er trug nun
auch in der Neuen Welt die wadenlange *Schlumperhose*, so
wie sie in der alten Heimat üblich war.

Knibbl
Kleiner Knoten, den man *uffknibbelt*.

Knies
Ärger, Verdruss, unterschwelliger Streit.

Kniggebisser
Kleinlicher Geizkragen.

Knilch
Kleiner, meist unbeliebter Kerl.

Knodde
Getrocknete Kieferzapfen. → Dånnescheefschen.

:≡ Ideal zum Feuer anmachen, weil die harzreichen Zapfen
wie Zunder brennen.

Knoddern
Motzen, mäkeln, meckern.

Knoorz
- Kopf, Schädel.
- Astauge in einem Stück Holz.

Knōrrnkopp
Dickkopf, Dickschädel, Sturkopf. → Schwelles.

Q Der muss immer seun Knorrnkopp dōrschsetze.

Knuddel
- Der Kot von Kleintieren. Zum Beispiel *Håseknuddel*.
- Knoten in einer Schnur, der *uff-* oder *zugeknuddelt* wird.

-Knuddeln bedeutet auch schmusen und kuscheln. Offenbar kann man sich da ebenfalls ziemlich *verknuddele*.

Knülle

Betrunken, → blau.

Knusber

Merkwürdig.

:≡ Das Wort wird eigentlich nur im negativen Sinn benutzt. Wer *ned gånz knusber* ist, ist nicht ganz dicht, hat nicht alle sieben Sachen besammen, ist nicht ganz richtig im Kopf.

Q Der Kerl is doch ned gånz knusber.

Köpper

Sportlicher Kopfsprung ins Wasser. Direkt aus dem Stand oder von einem Sprungbrett oder Sprungturm aus.

:≡ Wer einen eleganten *Köpper* oder andere Sprungkünste wie Salto, Hechtsprung, Schraube oder einen Sprung aus dem Handstand beherrscht, dem sind Zuschauer und Bewunderung im Freibad sicher. Das Gegenteil ist der ängstliche → Weiwersprung.

Koffer

-Breitschultriges Mannsbild.

-*En Koffer hinstelle:* Einen stinkenden Furz lassen.

Kohldåmpf

Großer Hunger.

:≡ Das Wort kommt vom dampfenden Kochtopf, in dem ein Kohlgericht schmort, mit dem der Hunger ein Ende findet.

Q Mir schiewe gånz schee Kohldåmpf.

Koldern

Leichte Zudecke. Picknick-Decke.

@ An den Badesee oder auf die Fahrrad-Tour nimmt man zum Sitzen und Liegen eine *Koldern* mit. Auch aufs *Schässlong* oder die *Kautsch* legt man sich mit einer *Koldern*. Und im Winter, wenn es zu kalt im Schlafzimmer ist, deckt man sich zusätzlich mit einer *Koldern* zu.

Koller
Passstück beim Nähen von Sackos und Hemden.

Kommod
Bequem, angenehm.

Konsōrte
Gruppe, Anhang.
:≡ Abfällig für Kameradschaften, Jugendbanden, Cliquen und Gangs, die als schlechter Umgang gebrandmarkt sind.

Kōörscht
Hacke, Gartenwerkzeug.

Kōrze
- Klarer Schnaps.
- Elektrischer Kurzschluss in der Stromleitung, der die Sicherung und im schlimmsten Fall sogar die Panzersicherung rausfliegen lässt.

Kotzer
Starker, lauter und anhaltender Husten.

Kōuchem
Profitsüchtiger Schlaumeier. → Schlimiehl.

Kōuscher
Sauber, zuverlässig, geheuer.
:≡ Das Wort stammt aus dem Jüdischen, wo es *koscher* geschrieben wird. Es bezieht sich auf die in der Tora vorgeschriebene Tierschlachtung und Essenszubereitung. Wir sprechen es mit *ou* aus und benutzen es eher in der Verneinung. Nicht ganz *kouscher* ist daher eine dubiose Sache, Situation oder Person.
💬 Der Kerl is ned ganz kōuscher.

Krach
- Streit, Lärm.
- Man kann sich *de Krach hole*, eine Erkältung oder Husten einfangen. Auch allgemein für Krankheiten.
💬 Der håt sich de Krach oder die → Krenk geholt.

-Die Redensart *Mit Ach und Krach* passt, wenn etwas gerade noch passabel ist. Oder wenn man eine Zeitvorgabe quasi in letzter Sekunde einhalten kann.

Q Ich håbs gråd noch so mit Ach und Krach geschafft.

Kräbbel
Faschingskrapfen, Berliner.

Kräätsche
Die Kräätsche mache: Sterben, zusammenbrechen.

Krättsche
Sich beschweren, zetern. → Weddern.

Kraggelisch
Unleserliche, unsichere, zitterige Schrift. Anfängerschrift.

Kråhn
Wasserhahn, früher meist nur in der Küche vorhanden.

@ Statt Mineralwasser, dem → Selzerwasser, trank man früher direkt vom *Kråhn*. Dafür hing ein → Wasserblesch über dem → Wasserstå.

Krakeele
Herumschreien. Betrunken singend heimwanken.

Kralle
-Fingernägel.
-Nach etwas greifen, etwas agressiv an sich reißen.

:≡ Jemanden *in de Kralle* haben. Nicht nur mit den Händen und Fingernägeln nehmen, sondern auch psychisch unterwerfen, dominieren. Vorschreiben, wo es jetzt lang geht.

Kratzberschte
Zänkische, bissige, bösartige Frau.

Krauterer
Eigentlich ein ärmlicher Kleinbauer. Aber auch jemand der sich im Klein-Klein verzettelt und *dōrschwōrschdelt*.

Krawallschåchtel
Laut geifernde, streitsüchtige Frau.

Krember
Pfuscher, auch Heimwerker.
:≡ Einer der nicht unbedingt alles perfekt hinbekommt, aber trotzdem das meiste selber macht.

Krembel
Ganz allgemein für irgendwelches, meist unordentlich herumliegendes Zeug. ⇸ Klumbatsch.

Krenk
Allgemein für Krankheit.
⇥ Isch håb voll die Krenk.

Kribbel
Böser Kerl.

Kriddele
Nervig Unzufriedenheit äußern, herumnörgeln.

Krischer
-Schreihals.
-Geschrei. Man lässt *en Krischer fåhrn*.

Krobbe
Schwerer Kochtopf, überwiegend aus Gusseisen.

Kroom
Die Periode der Frau. *Die Tage.*
⇥ Die håt gråd ihrn Kroom.

Krott
-Kröte
-Raffiniertes, meist freches Mädchen.

Krotze
-Aufgewecktes Kleinkind. *Klååner Krotze.*
-Kerngehäuse von Apfel und Birne. ⇸ Grips.
⇥ Der håt de Abbel mitsåmt dem Krotze gesse.
-Die Gurgel.
⇥ Dem geh isch gleisch an de Grotze.

Krotzisch
Übel, schlecht, krank. Auch geschäftlich problematisch.

Krumbel

Wer sich über andere ärgert, hat *Krumbel* mit ihnen.

Kruschele

Herumkramen, sich mit Kleinkram beschäftigen.

Kruusch

Allgemein für Zeug, Wirrwar, Durcheinander. → Krembel.
→ Klumbatsch.

Kuchebacke

Kinderspiel im Sandkasten mit kleinen Blechförmchen.

   Im Kindergarten wird dazu das passende Lied gesungen:
Backe backe Kuchen, der Bäcker hat gerufen. Wer will guten
Kuchen backen, der muss haben sieben Sachen, Eier und
Schmalz, Butter und Salz, Milch und Mehl, Safran macht
den Kuchen gähl!

Kuddelmuddel

Chaos, Durcheinander.

Kujon

Gerissener Kerl, der laufend etwas anstellt. → Ånstelle.

Kujonieren

Traktieren, jemand auf die Nerven gehen.

Kumbe

Große Tasse, Kaffepott.

Kumbeer

Der Vetter, früher der Gevatter.

   Die *Aschebäjer* haben den Spitznamen *Kumbeern*.

Kummern

Kleine Gurken. Salatgurken.

   Kummern werden im Spätsommer eingemacht, oder *euweggt*, weil sogenannte Weck Gläser verwendet werden.

Kummet

Geschirr für Rindviecher, wenn sie als Lasttiere vor einen
Wagen gespannt werden.

L

Laabern
Etwas sehr ausschweifend und nervtötend erzählen.
💬 Hör jetzt uff, hier rumzulaabern.

Laatsch
Dämliches Mannsbild, dummer Kerl.

Laatsche
- Herumlaufen, durch die Gegend spazieren.
- In etwas hineintreten, zum Beispiel in ein Hundehäufchen oder in eine Pfütze. *Neulaatsche* oder *neudabbe*.
- Ausgetretene Schuhe oder Sandalen.
≡ Moderne Flipflops sind eigwntlich nichts anderes als *Bade-Laatsche*. Besonders große Schuhe sind *Quadratlaatsche*. In *Aschebersch* sagt man dazu auch *Mååboodsche* oder *Mähboodsche*.

Labbe
Führerschein.
≡ Wenn einem der Führerschein entzogen wird, muss man *de Labbe åbgewwe*.

Labbeduddel
Ungeschickter Mensch. Schwächling, Hanswurst.

Lackaff
Arroganter, übermäßig aufgeputzter und eingebildeter Kerl.

Ladwersche
Zwetschgen- oder Pflaumenmus.
≡ Brotaufstrich, den allerdings nicht jeder mag. Erdbeer-, Himbeer- und Kirschmarmelade sind deutlich beliebter.

Läbbsch
Geschmacklos und fad. Ohne → Schmackes. → Leis.
💬 Des schmeckt alles noch e bissje läbbsch.

Läbbern
-Etwas verschütten.

:≡ Wenn sich etwas *zåmmeläbbert*, kommt meist ein schönes Sümmchen zusammen: Geld, vor allem aber Schulden. Auch Fehler und Sünden *läbbern sisch zåmme*.

Laggel
Ein großer Kerl. → Lulatsch.

Låhmorsch
Trödler. Langsamer Mensch, einer der nicht voran kommt.

Lameng
In einer schwierigen Lage eine Lösung aus der *Lameng*, also aus dem Ärmel schütteln. Etwas geschickt aus dem Handgelenk heraus erledigen.

Låmperie
Wandvertäfelung.

:≡ Auch unterschiedlich breite Fußleisten aus Holz, als Scheuerkante zwischen Wand und Fußboden.

Långe
-Wenn etwas genug ist.

Q Jetzt långts awwer emol.

-Eine Ohrfeige geben.

Q Ich lång der gleisch åh.

-Eine Person oder Sache anfassen, *ånlånge*.

Långes Hånduch
Die Bundesstraße 469 zwischen Seligenstadt und Obernburg hieß früher im Volksmund Langes Handtuch.

@ Die Straße war früher kerzengerade, zweispurig und sehr unfallträchtig. Die unübersichtliche Kreuzung am «Gasthaus Frühlingslust» (heute ist dort ein Einkaufszentrum, vorher nur der Massamarkt), war ein Unfallschwerpunkt, an dem es immer wieder Verkehrstote gab. Man nahm an, dass durch die endlos monotone Straßenführung die Aufmerksamkeit des Fahrers nachlässt.

Långmaul
Auf etwas Gutes Appetit, Lust und Begierde haben.

Lausert
Lausbub. Aufgeweckter und immer zu Scherzen aufgelegter Knabe. Einer der gern was anstellt und Streiche spielt.

Läusräsche
Kamm.

Leddschert
Kraftlos, schlapp, *labberisch*.

Leerschuggisch
Ohne Strümpe die Schuhe anziehen, barfuß.

Leggo mio
Ausruf der Überraschung und Bewunderung.

Lehne
Etwas leihen oder verleihen.

Leibsche
Unterhemdchen.
@ Meistens weiß oder grau, oft innen angerauht, langärmelig und vorne geknöpft. *Kinnerleibschen* hatten zudem eine Art Strapse am unteren Saum, mit denen sogar die Buben ihre beinlangen Strümpfe in Position halten konnten. Die Strumpfhosen kamen viel später in Mode.

Leis
Wenn im Essen Salz fehlt, ist es zu *leis*.

Leischeschmaus
Zusammenkunft der Angehörigen bei Kaffee, Kuchen und Schnittchen nach Beerdigungen. Neuerdings auch *Tröster*.

Lenner
Die Summe der Gartenbeete. Abgeleitet vom Gartenland.

Lenz
Sich einen schönen Lenz machen. Sich vor einer Arbeit drücken, → Blau machen, sorglos abhängen.

Leo

Zigarette. → Kippe. → Lungebrödsche.

Q Hoste mol en Leo?

Lewidde läse

Einem anderen eine Standpauke halten, ihn ermahnen und zurechtweisen. Die Meinung sagen. Klartext reden.

Lidschäftisch

Schwächlich, gesundheitlich angeschlagen.

≡ Wenn man sich nicht wohl fühlt, ist man lidschäftig. Das Wort kann auch hinfällig oder gebrechlich bedeuten.

Q Isch måhn als, du wärst heut e bissje lidschäftisch.

Lieschebeudel

Lügner, Flunkerer.

Lodderbett

Großes, verführerisches, meist französisches Bett.

@ In den Siebziger und Achtziger Jahren kamen die *Lodderbetten* in Mode. Die sahen aus wie Ufos, waren mit Lederimitat oder mit Kunstfell überzogen, hatten Radiowecker, Kassetten- und CD-Spieler, Beleuchtung, Getränke- und Kondomfächer und anderen Schnickschnack.

Lohr

Stadt mit einer berüchtigten Nervenheilanstalt.

≡ Das Wort Lohr gilt als regionales Synonym für Irrenanstalt und → Nannhaus. Dort werden Menschen untergebracht, die *nicht ganz dicht* oder ausgerastet sind.

Q Der geheert nåch Lohr.

@ Ähnlich gebräuchlich war früher *Hinner de Såndkersch.* Der *Aschebäjer* Knast stand nämlich zwischen Sandkirche und Oberrealschule. Erst 1970 machte das → Kittchen einem Wohnkomplex und der Alexandra-Garage Platz. Auch die Oberrealschule wurde abgerissen und im Leiderer Schulzentrum als Dessauer Gymnasium neu gebaut. Heute ist *Strietwald* das Synonym für das *Aschebäjer* Gefängnis.

Loschie
Unterkunft, Beherbergung. In Logis, zur Miete wohnen.
:≡ Wer in Logie wohnte, *loschierde*, wurde als Schlafbursche oder als *Loschiermädsche* bezeichnet.

Lottsche
Was einwandfrei funktioniert, *lääft wie Lottsche.*

Lubbern
Einen anderen heimlich beobachten. ⇢ Lunse.

Luder
Berechnende, meist attraktive, verführerische Frau.

Luftikus
Unberechenbarer, unzuverlässiger, leichtfüßiger Mensch.

Lulatsch
Ein großer, meist schmaler Kerl. ⇢ Laggel.

Lumbes
Schelm, Strolch, Schlingel.

Lumbesåmmler
Sammler und Verwerter von Wertstoffen.
:≡ Wertstoffe klingt etwas hochtrabend. Denn die *Lumbesåmmler* zogen früher mit klapprigen Lastwagen durch die Ortschaften und holten alles ab, was wegkonnte, vor allem Altmetalle. Sie schellten mit einer Handglocke und plärrten dazu «Lumbe, ald Eise, alde Öfe». Wenn man Glück hatte, zahlten sie für schwere Eisenteile sogar ein paar Pfennige.

Lumbeseggl
Hinterhältiger, falscher Mensch.

Lumbisch
Elend, heruntergekommen, abgewirtschaftet, verlottert.

Lummer
Weich, lappig.

Lungebrödsche
Zigarette. ⇢ Kibbe. ⇢ Leo.

@ Manche der früher sehr bekannten Zigarettenmarken sind heute unbedeutend oder ganz verschwunden: Astor, Atika, Eckstein, Ernte 23, Juno, Karo, Kim, Lux, Overstolz, Peter Stuyvesant, Rothhändle, R6, Salem.

Lungern
Herumsitzen und faulenzen.

Lunse
Heimlich gucken, lauern. → Spånner.

@ In den Umkleidekabinen vieler Freibäder lunsten die Pubertierenden gierig durch selbst gebohrten Gucklöcher. Manche Holzwände waren durchlöchert wie ein Schweizer Käse. Man musste beim Umkleiden entweder überall seine Sachen davorhängen oder die Löcher mit einem Kaugummi abdichten. Das konnte aber dauern.

Lurn
Beobachten, aufpassen, auf der Lauer liegen. → Lubbern.

Lusche
Spöttischer Begriff für eine unfähige, labile Person.

Ludderböck
Abfällige Bezeichnung für protestantische Christen.

@ Früher wurden Schulklassen nicht nur nach Geschlecht, sondern auch nach Konfession getrennt. Es soll vereinzelt sogar konfessionell getrennte Toiletten gegeben haben. Interkonfessionelle Ehen waren ebenfalls verpönt.
Als katholische Jugendliche mogelten wir uns manchmal in die *Evångelisch Kersch*, um zu sehen, was die dort so veranstalten. Dass der Pastor an der Kirchentür jedem zum Abschied die Hand gab, war neben der spartanischen Einrichtung der Kirche, eine der vielen Überraschungen.
Die abweisende Haltung vieler Katholiken gegenüber den *Evangelischen* war allgegenwärtig. Auch in meiner Familie gab es den Fall, dass ein Ehepartner zunächst katholisch getauft werden musste, sonst hätten die Älteren der Ehe

niemals zugestimmt. Und ein Freund von mir war unsterblich in eine *Evangelische* verliebt. Aber er versagte sich jede Annäherung, *weil des jå sowieso nix werrn kånn*.

Streng katholisch erzogen, erinnere ich mich auch noch an eine komische Situation in der Volksschule. Ich sah völlig verwirrt, wie sich der katholische Pfarrer mit dem evangelischen Pastor freundlich unterhielt. Ich war bis dato absolut überzeugt, dass er den weder grüßen noch eines Blickes würdigen würde.

Noch krasser ging man mit den Zeugen Jehovas um. Sich mit denen zu unterhalten, wurde schon fast wie eine Todsünde betrachtet. Entsprechend groß war der Bogen, den wir um die Wachturm Verkäufer machten. Und an der Haustüre hatten sie sowieso keine Chance. Sie waren höflich aber bestimmt abzuweisen, so hatte es der Pfarrer angeordnet.

M

Machulle
Heruntergekommen, abgestürzt, pleite, bankrott.

Madde
-Käsequark, der für den Maddekuche verwendet wird.
-Dicke, langgewachsene Kopfbehaarung.
🗨 Mit der Madde musste dringend emol zum Frisöör.
📎 Junge Kerle, die früher ihre Haare in Beatles- oder Jimi Hendrix Manier trugen, also ihre *Madde* über die Ohren wachsen ließen, waren in den Augen der Erwachsenen verlauste, *nixnutzische Gåmmler.*
Umso rebellischer eiferten die Teenager ihren Idolen nach und liesen die Haare natürlich erst recht lang wachsen. Da dem Frisurentrend letztlich niemand Einhalt gebieten konnte, lautete der resignierte Satz der Altvorderen:
🗨 Isch håb jå nix gäsche långe Hörn. Awwer gepflescht misse se seu.
📎 Unter SPD Verteidigungsminister Helmut Schmidt gab 1972 auch die Bundeswehr nach. Der Befehl hieß, dass jeder, der den bisher befohlenen Haarschnitt nicht einhielt, ein Haarnetz zu tragen hatte. Da war ich natürlich dabei, auch wenn ich zugeben muss, dass es grauslich aussah.

Madrone
Imposante, eher ältere Dame mit dicken → Klunkern an den Fingern und Ohren.

Mägges mache
Lautstark *de Digge mache*, andere einschüchtern, angeben, großkotzig auftreten.

Mätzjen
Herumalbern, Faxen machen, auffallen wollen.
☰ Mit allen möglichen Mätzjen von etwas ablenken.

Mäusloch
Merkwürdige Bahnunterführung.

@ Eine in den Sechziger Jahren gebaute und völlig verplante, einspurige Bahnunterführung in Kahl. Verbindet den Hörsteiner Weg mit dem Prischoss und gilt als Schleichweg, um nicht den Ortskern passieren zu müssen.

Kahl gilt im Landkreis ohnehin als spezialisiert für eine eigentümliche Ortsentwicklung. Fast fünfzig Jahre brauchten Gemeinderat und Bauamt, um die heutige, sogenannte K-Trasse fertig zu bekommen. Das K kommt dabei übrigens nicht von Kahl, sondern vom Buchstaben K, weil die Entwürfe A - J der Reihe nach verworfen wurden.

Kein Mensch versteht, warum die K-Trasse einen hunderte Meter langen Schikanebogen in die Kahlwiesen schneidet, wo es auch ein einfaches Links- oder Rechtsabbiegen getan hätte. Vom Spritverbrauch ganz zu schweigen, denn mit der Zeit ➙ läbbern sich für einen Pendler die Kilometer.

Måhne
Aus Weide geflochtener Wäschekorb, die Wäschmåhne.

Q Måhne sin kå Körb.

Maikraut
Waldmeister.

@ Sicherer Fundort für Maikraut ist der Wald rund um die Barbarossaquelle bei Rodenbach. In leicht angewelkten Bündeln, aromatisiert das Kraut die Maibowle oder einen Bembel Äpfelwoi. Sehr beliebt war im übrigen auch das grünlich schimmernde Waldmeister-Eis, das zum Beispiel der in Kahl legendäre Eis-Albert oder die Elsenfelder Eis-Sophie verkauften. Und der giftgrüne Wackelpudding ist ebenfalls mit (heute künstlichem) Waldmeister Aroma versetzt.

Malad
Müde, abgespannt, erschöpft. ➙ Erschosse.

Maläste
Schwierigkeiten, Umstände, Probleme.

Mallöör
Problem, kleiner Schaden, Fehler.

Malooche
Dauerhaft schwer arbeiten. → Aste.

Måmmsche
Geräuschvoll essen. *Neumåmmsche.*

Mannsbild
Gestandener Mann. → Mannskerl.

Månnskerl
Erwachsener Mann mit großer und maskuliner Statur.

Marsch!
Vorwärts, los gehts.
Q Marsch ins Bett!

Massel
Glück, gute Chance, schöner Zufall. → Dussel.

Massigg
- Ungehobelter Kerl. Auch clownhafter Mensch.
- Dickschädel.
Q Der muss nadürlisch seun Massig dörschsetze.

Matrone
Das Wort ist doppelsinnig im Umlauf: Es kann eine ältere
Frau meinen, die Erfahrung und Würde ausstrahlt. Oder es
wird abwertend für eine ältere, füllige Frau benutzt.

Matschoores
Chefspieler, Angeber, Anführer. → Molli.

Matzel
Eingetrocknetes Sekret aus den Augen. Schlafsand.
≔ Den Matzel muss man sich nach dem Aufstehen aus den
Augen reiben, weil man sonst erst mal nicht richtig sieht.

Matzelaache
Verschlafene Augen.
Q Mach halt deu Matzelaache uff.

Maule
Herummeckern, sich beschweren. → Knoddern.

Maulaff
Aschaffenburger Spitzname.
@ Der *Maulaff* ist eine geschnitzte Figur in Spessarttracht.
Sie diente früher im Park Schönbusch zur Volksbelustigung.
Denn man konnte Murmeln, → Klicker, in sein offenes Maul
werfen. *Maulaff* ist auch ein Spitzname für *Aschebäjer*.

Maulaffefeil halten
Planlos herumstehen, nichts tun, gaffen.
@ Ältere Leute saßen abends gerne am offenen Straßen-
fenster und schauten zu, was draußen so alles passiert. Die
hielten dann *Maulaffefeil*. Gleiches gilt für Leute, die stundenlang auf einer Parkbank sitzen können, um dem Trubel
um sie herum zuzuschauen.

Mauschele
Herumfuggern, krumme oder verbotene Geschäfte machen,
eine ungute Sache irgendwie wieder hinbiegen.

Mebbsele
Nach Bett und Nachtschweiß riechen. Stinken. → Muffele.

Mecki
Kurzer Haarschnitt, → Stiftekopp.
@ Ein bekanntes Gesicht mit *Mecki* Frisur ist die ARD Kor-
respondentin Gabriele Krone-Schmalz. Ihre silbergraue
Haartracht ist zwar nicht millimeterkurz wie ein *Stiftekopp*
geschnitten, hat aber eine ganz typische *Mecki* Form.
@ *Mecki* war ursprünglich eine Igelfigur in einem Puppen-
film und wurde später das Maskottchen der Zeitschrift
«Hörzu». Neben Bär Petzi gehörte er zu den beliebtesten
Kuscheltieren für Kinder.

Memm
-Der Euter der Kuh und der Ziegen.
-Straßenausdruck für den weiblichen Busen.

Mensch
Unfolgsames Mädchen.

Menschenskind
Ausruf der Staunen oder eine Zurechtweisung ausdrückt.

Meschugge
Verrückt, nicht ganz bei Trost.

Mickeschiss
- Kleiner Punkt, Ausscheidung der Mücke, Fliege.
- Kleinigkeit, um die man nicht allzuviel Aufhebens macht.

Mienzje
Verschmuste Hauskatze. Wenn man sie sucht, muss man einfach *mienz mienz* rufen, schon taucht sie auf.

Miese
In de Miese sein heißt, bei jemandem Schulden haben, oder sein Konto überzogen zu haben.

Mieze
- Hauskatze
- Geliebte, Freundin, begehrte Frau.
Meistens machohaft und angeberisch.

Miggrisch
Dürftig, wenig. Das Ergebnis von Geiz.

Mischånd
Beschämend, boshaft, mies, auch hämisch.

Mischpoke
Unangenehme Verwandtschaft.
≣ Mischpoke geht auf ein hebräisches Wort zurück und bedeutet völlig wertneutral Familie, Gesellschaft, Sippschaft. Die Umgangssprache verwendet es aber abwertend als Gesindel, Diebesbande, üble Gesellschaft, Gruppe unangenehmer Leute.

Mobb
Wolliger Besen zum Staubwischen.

Molli
Den *Molli* macht ein Angeber, der den Dicken oder den Starken raushängen lässt. → Matschoores.

Mobbelisch
Wer ordentlich was *uff de Rippe* hat, ist *mobbelisch*.
@ Susanne Fröhlich, bekannt vom Hessischen Rundfunk, hat das schön rundliche Wort aufgegriffen. Ihr Motivations-Bestseller über den ewigen Kampf mit den Pfunden heißt «Moppel-Ich».

Mobbse
Stehlen, etwas entwenden.

Monede
Das liebe Geld.

Mōrds
Riesig, enorm. Auch *mordsmäßig*.
:≡ Meist lobend, anerkennend und bewundernd gemeint. Oft auch stark übertreibend.
Q Du bist jå en mōrds Kerl.
Oder: Du fehrst jå e mōrds Audo.

Mores
Manieren, Benehmen, anständiges Verhalten.
Q Dir bring isch noch Mores bei.
Oder: Spädesdens beim → Barras lerne se dir Mores.

Mosern
Seine Unzufriedenheit äußern, maulen.

Muck
- Mutterschwein.
- Schmutzige Person.

Mucks
Unterdrückte Bemerkung oder Regung.
Q Isch will kein Mucks mehr hörn.

Muffele
Streng riechen, Schweiß ausdünsten, stinken. → Mebsele.

Muffesause

Sich vor etwas fürchten, Angst haben. Lampenfieber. Wenn *de Orsch uff Grundeis geht.*

Mugge

-Neudeutsch in der Jugendsprache für Musik.

-Persönliche Eigenarten, komische Angewohnheiten.

Q Der håt ganz scheene Mugge.

Muggefuck

Kaffee aus Ersatzstoffen. Auch *Blümchekaffee.*

≔ Zum Beispiel Caro, Lindes, Kathreiner Malzkaffee. Das Wort soll sich vom französischen Ausdruck «Mocca faux», also falscher Mokka, ableiten.

Muggies

Muskeln. Ergebnis von reichlich Bodybuilding.

Mummbitz

Blödsinn, Unwahrheit, komische Sache, Schwindelei.

Mumpel, Hambel, Ōrfel

Relativ genaue Mengenbezeichnungen.

- Mumpel: Ein Mund voll.

Q Ess noch den Mumpel, sonst muss isch des fördwerfe.

- Hambel: Eine Hand voll.

≔ Einen *Hampel* Erde hebt man mit der Hand auf.

- Ōrfel: Ein Arm voll.

≔ Wenn man einen *Ōrfel* Holz holt, schichtet man die Holzscheite in der Armbeuge auf.

Mungele

Etwas unsicheres, halbwahres, weitererzählen.

Q Im Dunkeln lässt sichs gut mungeln.

N

Nåchäffe
Das Wort eines anderen, meist witzig, affig oder zynisch wiederholen. Die Bewegungen oder das Verhalten eines anderen theatralisch oder verhöhnend nachspielen.

Nåchtdibbsche
Nachttopf, Bettpfanne.

:≡ Stand früher abgedeckt unter dem Bett, weil man nachts nicht über den Hof zum → Abee gehen wollte. → Dibbe.

Nåchtesse
Abendbrot, Abendessen.

Nåchteul
Nachtschwärmer.

:≡ Ein Mensch der erst mit fortschreitender Nacht aktiv wird, abends kein Ende findet, sich die Nächte um die Ohren schlägt, sich nachts lange draußen herumtreibt.

@ Man stelle sich nur vor, dass man heute erst gegen Mitternacht in die Disko, oder wie es jetzt heißt, in den Club geht. Da schliefen wir früher schon längst. *Die Mussigg* begann um vier oder fünf, und um zehn war → zappe. Dann konnte man mit Glück die *Braut* noch heimbringe, und das wars dann auch schon.

Nåchtkappe
Ein Mensch der nicht in die Gänge kommt. Schlafmütze.

Näwenaus
Fremdgehen.

Näwer de Kapp
Nicht ganz richtig sein, verrückt, verwirrt.

Nährbier
Malzbier, Kinderbier. Beliebtes Kindergetränk.

Naggisch

Ausgezogen, nackt. *Puddelnaggisch. Naggfrosch.*

:≡ Naggisch machen bedeutet zudem, sich vollständig erklären, outen, offenbaren, quasi *die Hoos runnerlåsse*, von der Polizei verhört werden.

Q Isch mach misch doch jetzt hier ned naggisch.
Oder: Zufällisch steht der Kerl puddelnaggisch vor mir.

Nannhaus

Irrenanstalt. ➙ Lohr.

Nåsebär

Verpeilter, ungeschickter Mensch.

Neidhåmmel

Neidischer Mensch, einer der anderen nichts gönnt.

:≡ So einer sollte dringend Urlaub in Köln machen. Denn dort lernt man, dass man auch *gönnen jönnen* muss.

Nervesäsche

Einer der einem mit ständigen Fragen und Wünschen auf die Nerven geht. ➙ Quälgeist.

Neschermussigg

Abwertendes Wort für die von Afroamerikanern geprägten Musikstile Blues und Jazz, später auch für den Rock&Roll.

:≡ 1932 erließ die Reichsregierung unter Franz von Papen ein Auftrittsverbot für schwarze Musiker. Kurz danach untersagte Reichssendeleiter Hadamovsky endgültig den *Niggerjazz* im deutschen Rundfunk. Noch in den 1950er Jahren wurde von Kirchen, Schulen und der Politik vor der obszönen, jugendgefährdenden *Neeschermusigg* gewarnt.

Nest

Bett. ➙ Heia, ➙ Falle, ➙ Kahn.

Netz

Grobmaschiger Einkaufsbeutel.

@ Früher gab es weder Plastik-, noch Papiertragetaschen in den Geschäften. Wenn man zum Einkaufen ging, nahm man ganz selbstverständlich die Einkaufstasche, einen Korb oder eben das *Netz* mit.

Noibuddern
Geld investieren. Immer wieder Geld nachschießen.

Neugeplackte
Von irgendwo her zugezogene Neubürger.

:≡ Die *Neugeplackte* oder auch *Zuugraaste* werden von den Einheimischen meistens für eine ganze Weile mit Argwohn beobachtet, weil sie eben nicht richtig dazu gehören. Einige bleiben sogar ein Leben lang die Outsider. Und manche davon möchten sich vielleicht auch gar nicht integrieren oder ins traditionelle Ortsleben einfügen.

Q Kå Wunner, des sinn die Neugeplackte.

Neuschlubbe
Hose, Jacke, Hemd oder Pullover anziehen.

Nibbes
Trödelkram, unnützes Zeug, auch Staubfänger.

Niggersche
Kurz einnicken. Ein Mittagsschläfchen machen. Heute heißt das Powernapping.

Nickneescher
Dunkelhäutige Figur.

:≡ Der *Nickneescher* hat seinen Platz am Opferstock oder einem anderen Geldeinwurf. Wird eine Münze in den Geldschlitz geworfen, so setzt das eine Mechanik in Gang, die den *Neescher* nicken lässt.

@ Über die *Nickneescher* machte man sich früher keine Gedanken, niemand empfand das als rassistisch. Häufig standen solche Figuren in Kirchen, wo die Opferstöcke Geld für die Mission, die *Heidekinner* und die Diaspora schluckten. Typisch war die Figur auch an Weihnachtskrippen, wo man mit einem → Zehner (Es funktionierte auch mit einem *Babbedeggelstreife*!) die Beleuchtung und die Spieluhr einschalten konnte. Manchmal setzten sich auch ganze Figuren-gruppen in Bewegung. In einem Missionskloster stand neben dem Geldeinwurf die makabre Inschrift: «Willst du Heiden Hilfe schicken, lass mich armen Neger nicken». Der *Aschebäjer* Kabarettist Norbert Meidhof schlägt in einem seiner Bücher eine Textanpassung vor: «Mein Name ist Backschich, Bimbo Backschisch».

Doch das herablassende Negerspiel geht ja bis heute weiter. Ganz rechts im Gauland beispielsweise, möchte der Gauleiter nicht neben einem Jérôme Boateng wohnen. Einer seiner Parteigänger, der sich am Sohn von Boris Becker abarbeitet, diskreditiert ihn als Halbneger. Der nächste verhöckert das Holocaust Mahnmal als Schandmal. Und für den *Kabbo* ist alles nur ein Mückenschiss. Ungeheuerlich.

Bekanntlich ist ein bayerischer Politpromi auch der Ansicht, dass Roberto Blanco immer ein wunderbarer Neger war. Der so betitelte nickte dazu genauso brav, wie einst der *Nickneescher* an der Weihnachtskrippe.

In der Talkshow von Michel Friedmann erklärt uns dann die vom Partygirl zur katholischen Vorbeterin bekehrte Gloria von Thurn und Taxis das afrikanische Aids-Problem: «Der Schwarze schnackselt gern». Und weiter: «Sex ist zum Kinderkriegen da, und nicht zu Jux und Dollerei». Ganz toll.

Niede
Nichtskönner. Einer der in allem ohne Geschick ist.

Nischel
Kopf. → Deez, → Schwelles.

@ Das Wort taucht übrigens auch im sächsischen Dialekt auf. In Chemnitz zum Beispiel heißt die monumentale Karl Marx Büste in der Stadtmitte nämlich *Nischel*.

Nixnutz
Ein Mensch, der zu nichts zu gebrauchen ist.

Nolle
Nähnadel, Stricknadel, Stecknadel.

Nonnebunker

-Lästerlich für Nonnenkloster.

-Die von Nonnen geleitete Maria-Ward-Schule in Aschaffen-burg.

@ Die lateingeschulten Knaben aus dem → Humma ver-wendeten früher mit Vorliebe das Wort *Nonnebunker* für die Maria-Ward Schule. Vor allem wegen der vielen Schüle-rinnen, an die wegen der sittsam strengen Klosterschwes-tern nur sehr schwer ranzukommen war.

Nuggel

Schnuller. Auch *Nuddel*.

≣ Nuggeln bedeutet, an einem Schnuller saugen. Auch an einem Getränk kann man stundenlang *rumnuggele*.

Q Der nuggelt schon ewisch an dem åhne Cola rum.

Nuschele

Undeutlich sprechen. Beim reden die Zähne nicht ausein-ander kriegen.

Nusele

Herumheulen, sich beklagen, jammern, quengeln.
Hauptwort: Genusel.

Obbe
Ausdruck beim *Schoofkopp* spielen.

Ochse
Sich anstrengen. → Ackern. → Asten.

Ofescherm
Ausklappbare Blechplatten neben dem Ofen, eine Art Paravent, die allzu starke Hitzestrahlung abzuschirmen sollten. Manchmal kamen sogar Asbestplatten zum Einsatz.

Offebacher
-Offenbarungseid. *De Offebacher mache.*
-Legendär gute Autofahrer.
Q Bass uff, do vorne kimmt en Offebacher.

Oha
Verstanden. Aha. Aufgepasst!

Ōhflaat
Widerwärtiger, ungezogener, auch unkeuscher Mensch.

Ohgråh
Straßengraben, Böschung, Wegrand. → Gaasgråwe.
Q Do gehts de Ohgråh nåb.

Ohgescheest
Als letzter ankommen.
Q Kimmste jetzt aach endlisch ohgescheest.

Ohranze
Jemanden sehr derb anfahren. Von der Seite anmachen.

Ohs
Ein unartiges Mädchen, ein Luder.

Ohschierisch
Unartig, böse.

Ohschuhr
Die Gegend.
💬 Der treibt sich de gånze Dååch in de Ohschuhr rum.

Ohwånne
Harter Krustenrand
📋 Die *Ohwånne* entsteht, wenn ein Kuchen auf einem flachen Blech gebacken wird. Manche schneiden den dunklen, oft schwarzen Rand weg. Heute ist diese Kruste bei einer krossen Pizza ein echtes Qualitätsmerkmal.

Olwel
Rüpelhafter Mensch.

Olwer
Schwindelig, übel, schlecht.
💬 Mir is ganz olwer.

Onkel Dokter
Hausarzt
📋 Der *Onkel Dokter* musste früher als Hausarzt noch viele Hausbesuche machen. Den Frauenarzt nannte man *Fuscheldokter.* Wer sichs leisten konnte, ging zum *Hemmobaad.*
💬 Ich glaab, mir hole mol besser de Onkel Dokter.
Oder: Wås håt de Onkel Dokter gesåcht?
📎 In ländlichen Gemeinden übernahmen früher die Ordensschwestern einen Teil der Krankenfürsorge. In meinem Heimatort lief die *Krånkeschwester* täglich durch die Straßen. War jemand krank, passte man sie ab, um sie ans Patientenbett zu rufen. Erst wenn sie nicht weiter wusste, wurde ein Arzt eingeschaltet. Beliebte Verordnungen waren Halswickel und Schwitzkuren, Tee, heiße Zitrone.

Organ
Laute Stimme.
📎 Manche Leute kann man überall aus einer Menge heraushören, weil sie so ein *Organ* haben. Auch im Gesangsverein

schmettern sie mit ihrem *Organ* die Lieder lauter, wenn auch nicht unbedingt besser, als die anderen Mitsänger.

Orschel
Einfältige Frau.

Orschele
Orgel spielen. Allgemein auch für *rummache*.

Orschelpeife
Sich in *Reih und Glied*, geordnet nach der Größe, wie die Orgelpfeifen aufstellen. Typisch für Turnerriegen oder wenn beim Militär die Kompanie antritt.

Oschi
Ein großes Teil, ein ganz schöner *Oschi*.

Owwerlischt
Kippbarer, oben quer liegender Fensterflügel. ➙ Schalder.

Owwerstübbsche
Gehirn. Gedächtnis. Verstand.
Q Die is ned gånz rischdisch im Owwerstübbsche.

P

Pätzeeme
Ameise.

Palawer
Geschwätz, viele Worte um nichts machen, *palaawern*.

Palmkätzje
Zweig mit dem Blütenstand der Salweide.

✐ Palmkätzjen werden am Palmsonntag als Ersatz für richtige Palmwedel zur Weihe in die Kirche getragen. Der Brauch soll an den Einzug von Jesus in Jerusalem erinnern, der sich laut Bibel eine Woche vor seiner Kreuzigung ereignete, wo ihm das Volk mit Palmzweigen zujubelte. Einen Zweig der geweihten Palmkätzchen platziert man später zuhause auf dem Kruzifix. Der Rest wird auf dem Dachboden aufgehängt und soll das Haus vor Feuer und Blitzeinschlag schützen. ➙ Werzberre.

Papperlapapp
Geläufiger Ausdruck, um dummes *Gebabbel*, leere Phrasen, Lügen, erkennbare Ausflüchte und Ausreden abzuweisen.

Pappenheimer
Spezielle Leute. Man kennt seine Pappenheimer.

✐ Die Pappenheimer waren ein Kürassier-Regiment im Dreißigjährigen Krieg, deren Entschlossenheit legendär ist. Allen voran steht General Gottfried Heinrich Graf zu Pappenheim, der ausschließlich mit offenem Visier kämpfte und sich dabei viele Verletzungen im Gesicht zuzog. Seine Soldaten nannten ihn deshalb *Schrammenheinrich*.
Der Satz «Ich kenne meine Pappenheimer» war ursprünglich positiv gemeint. Denn wer im diesem Regiment diente, galt als mutig, treu und tapfer. Bei uns steht der Spruch jedoch eher für in menschliche Unzulänglichkeiten.

Paradebobbe
Übertrieben ausstaffierte, manneqinartige Puppe, mit einem
ebenso übertrieben üppigen Petticoat Kleidchen.

*Die *Paradebobbe* gewann man meistens als Hauptgewinn
in der Losbude auf dem Volksfest oder der Kerb. Sie wurde
tagsüber, zusammen mit einem *Paradekisse*, mitten auf die
Tagesdecke des frisch gemachten Ehebettes gesetzt.

Pariser
Kondom, Präservativ, Gummi.

Die Bezeichnung geht auf die französische Firma «Mai-
son A. Claverie» zurück, die Ende des 19. Jahrhunderts aufgerollte Kondome unter dem Artikelnamen «Le Parisien»
vertrieb, zu Deutsch «Der Pariser».

*Interessanterweise verspeisen unsere Nachbarn in Öster-
reich eine Brühwurst im Naturdarm, die als *Pariser* tatsächlich im Volksmund landet. Gott verhüte!

Peegern
- Etwas mühselig auskratzen oder aushöhlen.
- Wenn man an Pickeln herumdrückt oder am Wundschorf
kratzt, *peegert* man ebenfalls.

Hör uff, dir im Gesicht rumzupeegern.

Peifedeckel
Nix da! Ablehnung, Verneinung. *Des kånnste vergesse*!

Pennäler
Schüler am Gymnasium, an der *Penne*. Gymnasiasten.

Penne
Schlafen, ins Bett gehen, *e Niggersche mache*.

Penunze
Geld, Bargeld. → Schodder. → Pinke.

Perdu
- Vorbei, verloren, nicht mehr da, → futsch.
- Ein genervt eingeschobenes Wort.

Der muss perdu seun Kopp dörschsetze.

Petter
Taufpate. Gegenteil von ➝ Gode oder ➝ Getsche.

Pfriemeln
Mühselig an einer kleinteiligen Sache mit viel Zeitaufwand
herumbasteln. ➝ Friggele.

Piesagge
Andere boshaft reizen, quälen, traktieren.

Piffsche
Glas mit einem achtel Liter Wein, halber ➝ Schoppen.
💬 Ich trink noch e Piffsche.

Piggobello
Sauber, aufgeräumt, in Ordnung.

Pilledreher
Apotheker.

Pillepalle
Unwichtiges, Nebensache. Auch dummes Zeug.

Pinke
Geld, Moneten. ➝ Penunze.
≣ Ein Volltreffer zum Mitsingen ist das Faschingslied:
«Wer soll das bezahlen, wer hat soviel Geld? Wer hat so viel
Pinke Pinke, wer hat das bestellt...»

Pipapo
Ausladendes Getue und Gedöns, Sachen mit allem *Pipapo*.

Pladde butze
Verschwinden, abhauen, sich aus dem Staub machen.
💬 Ich glaab es is besser, wenn de die Pladde butzt.

Plärrer
-Schrei, lautes Zurufen, laute Verwarnung.
💬 Der håt en gånz scheene Plärrer föhrn lösse.
-Platz und U-Bahn Station in Nürnberg.

Plätteise
Bügeleisen. Plätten bedeutet bügeln.

:≡ Ein *Plätteise* ist aus Eisenguss, hat keinen Stroman-
schluss und wird auf der Herdplatte heiß gemacht. Wenn
man beim *plätte* nicht aufpasst und ohne Dämpftuch bügelt,
ist das Kleidungsstück ruckzuck versengt.

Plagge
Fleck, schmutzige Stelle. Auch Kuhfladen.

Platt
- *Baff* sein, überrascht, verblüfft sein.
- Völlig ausgelaugt, total erschöpft.
Q Isch bin dodaal platt.
- Dümmlich, primitiv, ordinär, geschmackloser Flachwitz.
- Plattmachen: etwas zerstören, ein Gebäude abreißen, einen
anderen fertig machen, im Extremfall sogar umbringen.

Plattkopp
Glatze.

Plautze
Dicker Bauch, Wanst.

Plemmplemm
Dumm verblödet, einfältig. *Näwer de Kabb*.

Plimmoo
Kassettenbettdecken, Federbetten.

Poesiealbum
Freundschaftsbuch, oft sogar abschließbar.
@ Kinder hatten früher ein Poesiealbum, in das die besten
Freunde etwas hineinschrieben. Die Anzahl und Freund-
lichkeit der Beiträge ließen erkennen, wie beliebt jemand
ist. Um schöne Mädchen und sportliche Buben gab es natür-
lich immer ein eifersüchtiges Gerangel. Manchmal schrie-
ben auch beliebte Lehrer etwas ins Poesiealbum.
Die Einträge konnten neben Texten und Gedichten auch mit
Zeichnungen, Glitzerbildchen, Scherenschnitten, gepressten
Blumen und anderem Zierrat ausgeschmückt werden.
Unumgänglich war ein Eintrag auf der letzten Seite:

«Ich bin hier hinten angewurzelt, damit niemand aus dem Album purzelt. In ewiger Einnerung, Deine/Dein ... ».
Der Besitzer des Albums legte auf der ersten Seite die Regeln fest. Zum Beispiel: «Reißt bloß keine Blätter raus, sonst ist es mit der Freundschaft aus!»

Pommeranze
Mädel vom Land. Weibliche Provinzlerin ohne Bildung.
:≡ Der Begriff leitet sich von der Pomeranze ab, einer rötlichen Zitrusfrucht und bezieht sich folglich auf das rotbackige Gesicht der Landmädchen.

Poofen
Im Bett liegen, schlafen.

Posidur
Zweckmäßige, manchmal auch herausfordernde Haltung. Sich zum Beispiel vor einer Kamera in *Posidur* stellen.
Q Der hot sisch gånz schee in Posidur geschmisse.

Possiern
Flirten, auf Brautschau gehen. → Techtelmechtel.
Q Der possiert die doch schon lång.

Prässiern
Eilig sein. → Höchste Eisebåhn.

Pratze
Große Hände.

Premmel
→ Prischel.
Q Dem håb ich de Premmel üwwern Kopp gezoche.

Prenke
Eisenwanne, Wasserbottich.
@ Mangels Badezimmer wurde samstags eine eiserne *Prenke* in die Küche gestellt und mit heißem Seifenwasser gefüllt. Einer nach dem anderen durfte nun baden, nicht selten die ganze Familie im gleichen Wasser. Oft wurde danach auch noch die Wäsche in der *Saafebrieh* gewaschen oder

zumindest eingeweicht. Das Badewasser wurde im → Wasserschiff oder im Wasserkessel heiß gemacht.

Priddsch
Leicht verführbareres Mädchen.

Priddschele
Mit Wasser spielen, herumplantschen, alles nassmachen.

Prischel
Ein Stück Holz, ein Prügel. → Premmel.

:≡ Wenn man geschlagen wurde, bezog man Prischel.

Proffe
Einen Obstbaum oder andere Gehölze mit Zweigen von anderen Bäumen veredeln.

Proletebagger
Pater Noster Aufzug.

🖉 So einen Kabinenaufzug gab es früher auch im Aschaffenburger Rathaus. Nach der Schule gingen wir oft hin, um heimlich Pater Noster zu fahren. Wenn man das erste Mal einstieg, war der Seitenwechsel der Kabinen im Dachgeschoss oder Keller eine echte Mutprobe. Denn man wusste ja noch nicht, ob man auf der anderen Seite vielleicht doch im Kopfstand wieder herauskam.

Puddele
Am Wasser spielen, plantschen.

Pudelwohl
Sich rundum wohlfühlen, Wohlbehagen empfinden.

Puhl
Jauche.

🖉 Alle Abwässer und Fäkalien wurden im Puhlloch gesammelt, weil es früher noch keinen öffentlichen Kanalanschluss gab. Der *Puhl* wurde mit Eimern, die an langen Stangen befestigt waren, den *Puhlscheppern*, aus dem *Puhlloch* geschöpft und als Dünger im Garten untergegraben. Das war allerdings ein Gesundheitsrisiko. Denn über die

Jauche gelangten Keime in die Gartenfrüchte und damit zurück ins Essen. Das führte zur Darmverwurmung. Kinder auf dem Land mussten deshalb jährlich eine unangenehme Wurmkur machen. Dabei zählte man genau, wie viele der Parasiten ausgeschieden wurden. Das wurde dem → Onkel Dokter gemeldet, um sicher zu sein, dass die Kur auch erfolgreich abgeschlossen ist.

Puhldrauwe
Schwarze Johannisbeeren.

Pulver
Geld, Vermögen. → Penunze. → Pinke.
Q Die hamm gånz schee Pulver.

Pulverblättche
Knallblättchen für Spielzeugpistolen.
≡ Die Pulverblättchen waren rote, aufgerollte Bänder mit knallenden Punkten, die in die Spielzeugpistole eingelegt wurden. Früher konnte man Pistolen und Pulverblättchen nur an Fasching kaufen. Sie waren unentbehrlich, denn viele Buben verkleideten sich als Cowboy, Indianer oder Zorro.

Pustebacke
Dicke Backen, Pausbacken.

Pustekuche
Nix da. *Des kånnste vergesse*. Kommt garnicht infrage.

Q

Quaddel
Mit Wundwasser unterlaufene Hautschwellung. Zum Beispiel durch Brennnesselkontakt oder Insektenstiche.

Quadratsimpl
Ein besonders großer Depp.

Quadudder
Ein etwas kurz geratener Mann, gemessen am Gardemaß.

Quäddsche
Pflaumen.

 Die Ernte wurde bevorzugt eingemacht, zu Marmelade verarbeitet oder kam als *Quetschekuche* auf den Tisch. Zum Beispiel als *Kerbkuche*. Mit viel Zucker bestreut war der *Quetschekuche* eine spätsommerliche Köstlichkeit. Und das nicht nur zum Kaffee oder → Muggefuck. Sogar zur Bohnen- oder Linsensuppe waren *Quetsche-* oder *Äbbelkuche* eine beliebte Beilage beim Mittagessen.

Quääge
Schreien und zetern von kleinen Kindern.

Quälgeist
Einer der einem mit ständigen Fragen und Wünschen auf die Nerven geht. → Nervesäsche.

Quagessje
Kleines Kind, Baby.

Quaggsalwer
Kurpfuscher. Wird auch abfällig für einen unfähigen Arzt oder Heilpraktiker benutzt.

Quånde
Schuhe.

≣ *Keesquånde*: Schuhe, die stark nach *Keesfies* riechen.

Quassele
Endlos reden. → Babbele.

Q Der quasselt so viel, der kaut mer escht noch es Ohr åb.

Quengele
Nörgeln. → Nusele.

Querkopp
Ein widerspenstiger, störrischer Mensch, der an allem etwas auszusetzen hat.

Quetschefresser
Kleiner Kerl.

Quetschkommode
Akkordeon, Ziehharmonika.

≡ Auch Konzertina oder Bandoneon, wobei die anders gebaut sind, als das klassische Akkordeon.

Quidd
Ausgeglichen. Alles bezahlt. Ein Streit ist beendet.

Q Mir sinn quidd.

Quiddegääl
Intensives Gelb.

≡ Wenn jemand im Gesicht *quiddegääl* ist, hat er entweder die Gelbsucht, oder er hat zuviel Gelberübenbrei gegessen. Oder es ist Fasching und er hat sich als *Schinnees* geschminkt. Früher war das eine beliebte Maskerade.

Quiedschfideel
Munter, fröhlich, übermäßig gut gelaunt.

R

Raalern

Etwas schludrig verschnüren, ein Paket mit Kordel verschließen. Strohgarben zusammenbinden.

Raal zu

Total betrunken.

Raatsche

Sich unterhalten, lang und breit Neuigkeiten austauschen, Dorfklatsch weitererzählen. → Traatsche.

Rabatz

Krach machen, lärmen, laut und ausgelassen feiern, streiten. → Remmi Demmi.

Rabbel

Eine Eigenart haben. Wutausbruch. Tick, austicken.
Lõsse in Ruh, die håt gråd ihrn Rabbel.

Rabbelderr

Auffallend schmale Figur. Sehr dünn, ausgezehrt, ausgehungert und unterernährt wirken.

Rabbele

- Das Klingeln des Weckers.
- Pipi machen.

Rachebutzer

Billiger, meist scharf gebrannter Schnaps, der beim schlucken beißend im Hals kratzt und brennt. → Fusel.

Råchele

Alles erreichbare für sich zusammenscharren. Aus einem habgierigen Antrieb heraus arbeiten.

Rack

Plötzlich, umgehend, überraschend.

Racker
Aufgeweckter kleiner Bub.

Raddefenger
Hinterhältige, listige Betrüger und Täuscher.

:≡ Das Wort kommt aus Hameln in Westfalen, wo der Sage nach ein Rattenfänger die Stadt mit seinem Flötenspiel von einer Rattenplage befreit hat. Weil er nicht wie versprochen entlohnt wurde, kam er zurück, versammelte alle Kinder der Stadt und verschwand mit ihnen in einem Berg. «Die Kinder zu Hameln» wurde 1816 von den Hanauer Gebrüder Grimm ins Buch Deutscher Sagen aufgenommen.

@ Die berühmten Kaffeefahrten mit ihren unglaublichen Geschenken, Preisausschreiben, aber auch viele kostenlose Gewinnspiele, werden oft von *Raddefenger* veranstaltet.

Raddern
Sehr geräuschvolles Motorgeräusch.

:≡ Das gilt zum Beispiel für ein billiges Moped, ein klapperiges Auto, eine alte Nähmaschine.

Raddisch
Sexuell erregt. Drangvoll, spitz, geil.

Raffel
-Zähne, Gebiss.
-Die Raffel halten heißt: Ruhig sein.

Rääschdern
Sich laut unterhalten, ereifern. Meist ist das Gespräch hitzig und echauffiert, weil alle durcheinander reden.

Raggelvoll
-Total besoffen. ➔ Raal zu.
-Übervoll.

:≡ *Raggelvoll* kann ein Veranstaltungssaal, der Omnibus, ein Gefäß, die Mülltonne oder ein Abstellraum sein.

Raggern
Schwer schuften, sich abraggern.

Råhmdösig
Entspannt, verträumt sein.

Råndifucht
Aufräumen, Schmutz und Unordnung beseitigen.

Rånke
Dicke Scheibe, passt vor allem für Brotscheiben.
💬 Schneider halt noch en Rånke åb.

Rånze
-Schultasche, *Büscherrånze*.
-Dicker, vollgefressener Bauch. ➜ Kieze.

Ratz
Marder oder Iltis in der Jägersprache.

Ratze
Herumliegen und schlafen.

Ratzebooz
Kinderschreck.

Ratzebutz
Restlos.
💬 Isch håb de Deller ratzebutz leer gesse.

Ratzefummel
Radiergummi.

Ratzfatz
Schnell, im Handumdrehen- ➜ Schwubbs.

Raachvozehrer
Elektrischer, beleuchteter Aromaöl-Verdampfer.
@ Meist in Eulenform, standen sie früher überall im Haus, um Tabakrauch zu übertönen. Natürlich hat das den Geruch nicht wirklich beseitigt, aber es beruhigte das schlechte Gewissen. Damals ging ja niemand zum ➜ blodsche vor die Tür, sondern es wurde überall gequalmt, was das Zeug hält. Ähnlich beliebt waren auch die Lavalampen mit den bunt schwimmenden Ölblasen, die zur Zeit ein Revival erleben.

Rauscher

Angegorener Apfel- oder Traubenmost. Auch Federweißer.

℗ Die legendäre Frau Rauscher aus der Sachsenhäuser *Klappergass,* hat vom *Rauscher* ihren Namen. Aus einem Polizeibericht von 1866 wurde ein Lied, das immer noch in Sachsenhausen gejohlt wird: «Die Fraa Rauscher aus de Klappergass, die hot e Beul am Ei, ob's vom Rauscher, obs vom Alde kimmt, des klärt die Bolizei».

Regatt

Vor jemandem Respekt oder sogar Angst haben.

Rehling

Pfifferlinge. *Eierschwemm.* ➙ Schwemm.

Reibach

Gewinn, Ertrag, Verdienst.

Reibach und ➙ Råchele haben große Ähnlichkeit. Wobei *Reibach mache* eher geschäftliche Formen annimmt, das *råchele* hingegen vor allem bei Privatleuten anzutreffen ist.

ℚ Die mache mit ihrm Låde en mords Reibach.

Remmi Demmi

Krach machen, lärmen, laut feiern.

⁝≡ Das Wort passt zum Polterabend, zur Party mit aufgedrehtem Kofferradio, zur Kerbmusik oder insgesamt zu Heimatfesten. Da ist immer *Remmi Demmi* und ➙ Rabatz.

Remms

Ganz allgemein für eine schwere Krankheit. ➙ Krenk.

ℚ Der håt die Remms.

Ressinniern

Das große Wort führen, schimpfen, widersprechen.

Restaurantionsbrot

Bunt belegtes Brot, auch *Schikånebrot* genannt.

℗ Üppig belegtes Brot mit allen ➙ Schikåne. Dabei wird der Wirt auch seine Reste los. Wichtig sind ➙ Kummern und Salzstängelchen mit Zwiebelringen, die wie eine Girlande aufgehängt werden. Auch der *Klacks* Wurstsalat darf nicht fehlen. 1930 kostete das Brot gerade mal 50 Pfennig.

Ritzerot
Besonders intensives, grelles Rot.

:≡ Das Wort wird benutzt, wenn jemand vor Scham errötet. Auch Ampeln bleiben auch oft nervtötend lange ritzerot.

Q Guck ner, der werd ritzerot im Gesischt.

Riwwel
Streusel auf dem *Riwwelkuche*.

Riwwelsubb
Mehlsuppe mit kleinen Brocken aus Ei und Mehl.

Robbe
An etwas herumzerren. *Vorobbe* heißt, etwas zerreißen.

Römer
Fränkischer Weinpokal.

:≡ Ein Römer hat immer einen Viertel Liter Inhalt und einen flaschengrünen, geringelten Fuß. ➙ Schoppe.

Rohne
Hautstriemen von Schlägen mit dem Rohrstock.

Rohrspatz
-Singvogel, eigentlich die Rohrammer.
-Spottwort für einen, der laut *schennt wie en Rohrspatz*.

Roose
Wild herumalbern.

:≡ Wenn die Kinder zum Beispiel im Bett *rumroose*, dann ist hinterher alles *verroost*.

Rorate
Frühmesse in der Adventszeit.

@ Im Advent sollen die Katholiken möglichst an jedem Werktag in die Rorate gehen. Um sieben in der Früh ist Beginn in der dunklen, meist ziemlich kalten Kirche, wo «Tauet Himmel den Gerechten» oder «Macht hoch die Tür, die Tor macht weit» gesungen wird.

Rotz
- Nasenschleim.
- Allgemein für unangenehme Angelegenheiten.
💬 Du kånnst deun Rotz in Zukunft selwer mache.

Rotzfåhne
Taschentuch, auch ➜ Sackduch.

Rotzleffel
Frecher, vorlauter Kerl, einer der gern *uffmuggt.*

Rotznåse
- Verschnupfte Nase aus der der ➜ Rotz läuft.
- Freches Mädchen.

Rucki Zucki
- Etwas ganz schnell, im Handumdrehen erledigen.
- Beliebtes Faschingslied, getextet von Ernst Neger.

Ruhse
Wenn es *ruhst,* dann gibt es richtig Ärger.
💬 Hör sofort uff, odder es ruhst.

Rumbelkåmmer
Chaotischer Abstellraum, voll mit Gerümpel.

Rumdrügge
Sich zum Zeitvertreib irgendwo aufhalten. Oder an einer bestimmten Stelle auf eine passende Gelegenheit warten.

Rumgurke
- Mit einem ➜ Schibbel durch die Gegend fahren.
- An einer Sache ungeschickt herumhantieren.

Rummache
Pubertärer Ausdruck für knutschen.
✒ Kinos hatten früher räumlich abgetrennte Logen. Die waren mit rot gepolsterten Klappsesseln *ausstaffiert,* auf denen die Halbstarken gerne mit ihren Eroberungen *rummachten,* sobald das Licht abgedunkelt wurde. Vom eigentlichen Film bekamen die in der Regel nicht allzuviel mit.

@ Apropos Kino: Vom *Aschebäjer* Hofgarten wird folgender Kinowitz erzählt: Ein älteres Ehepaar aus Hobbach geht zum ersten Mal ins Kino. Der Saal ist dunkel, der Film hat angefangen. Im Gang läuft die Platzanweiserin mit der Taschenlampe. Opa zur Oma: Gerda bass uff, do kimmt åner mim Fåhrråd.

Runnerrassele
Etwas so schnell vortragen oder vorlesen, dass kaum jemand mitkommt oder den Inhalt versteht.

Russ
Mischgetränk. Halb Weizenbier, halb Zitronenlimonade.

Russe
Ziegelsteine aus der *Russefabrik*, also aus einer Ziegelei.

S

Saafesieder
Synonym für Einsicht und Verständnis.

Q Endlisch geht dem de Saafesieder uff.

@ Dieser Begriff kommt ursprünglich von der Redensart «Mir ist ein Licht aufgegangen». Denn die Seidensieder haben früher auch Kerzen hergestellt. Und mit dem Schein der Kerze kam beim *Saafesieder* das Licht ins Spiel.

Saasche
- Starkes regnen.
- Vulgärer Ausdruck für pinkeln.

≣ Wurde ursprünglich nur bei Pferden benutzt.

Saaschnass
Völlig durchnässt. → Batschnass.

≣ Das Wort wird insbesondere dann verwendet, wenn man unverhofft in einen Regenguss geraten ist und die Kleider bis auf die Haut nass geworden sind.

Sabbel
- Allzuflinkes Mundwerk.

Q Halt emol deu Sabbel. Oder: Sabbel ned.

- Sabbeln oder sabbern bedeutet auch, dass Spucke aus dem Mund *drebbelt.* → Gafern.

Sack Zement
Ersatzfluch für Sakrament oder Sternsakrament.

≣ Wer flucht, verstößt als Christenmensch gegen das zweite Gebot. Das gilt als Sünde und muss gebeichtet werden. Doch fluchen gehörte vor allem am Bau dazu, wenn etwas daneben ging. Also erfand man für Himmelherrgottsakrament und andere verbotene Flüche, vorsichtshalber ähnlich klingende Ersatzwörter, oder man benutzte Abkürzungen wie *Sakra* oder *Sakradee.*

Sackduch
Taschentuch. Auch *Schnubbduch*. Früher immer aus Stoff,
heute fast nur noch aus Papier. Tempo.

Sackdunkel
Ohne jedes Licht.

Sällemols
Früher, damals.

Sailerre
Schamlose Frau.

Sakramenter
Schimpfwort, wenn einer etwas angestellt hat. ➔ Fregger.
Der Sakramenter hot misch scho widder ohgelooche.

Saftsagg
Schimpfwort, wenn man sich über jemanden geärgert hat.

Såmezieher
Langsame Lieder, die erotische Fantasien auslösen und zum
Engtanzen animieren. «Je t'aime, moi non plus» ist so ein
Såmezieher. Oder die Songs auf den «Kuschel Rock» CDs.

Såmmeltasse
Gedeck aus Kaffeetasse, Kaffeeteller und Kuchenteller.
Sammeltassen waren bis weit in die Siebziger Jahre sehr
in Mode. Die Gedecke hatten völlig unterschiedliche und
oft auffallend bunte Dekore und ausgefallene Formen. Als
Stolz der Hausfrau standen sie im Vitrinenteil des Wohn-
zimmerschrankes und kamen nur zu besonderen Anlässen
auf den Tisch. Zum Muttertag, Geburtstag oder Namenstag,
schenkte man der Mutter eine weitere Sammeltasse. Das
war immer ein passendes Präsent.

Sånktus
Widerwort, Einwand, das letzte Wort.
Der muss üwweråål seun Sånktus dezugäwwe.

Sapperlott
Na sowas! Auch *Sapralott*.

:≣ Sapperlott bedeutet Verwunderung und Anerkennung, wird aber auch zum Schimpfen benutzt. Wenn Kinder nicht folgen, heißt es bei gleichzeitig erhobenem Zeigefinger:
💬 Sapperlott, isch håb dir doch gesåcht, dass ...

Sau
Eine steigernde Vorsilbe für viele Wörter. Saugut, saugeil, saumäßig, saulustig, saublöd, saustark und so weiter.

Saue
Starkes regnen.
💬 Des saut jå gånz schee runner.

Schaare
Brillenetui.

Schabbesdeggel
Sonntagshut. Aber auch alter, schäbiger Hut.
:≣ Abgeleitet vom jüdischen Wort Schabbes oder Sabbat für Samstag, dem heiligen Ruhetag der Woche.

Schabbo Klack
Klappzylinder, öffnet sich mit einem Schlag auf die Hand.

Schabracke
- Obere Zierleiste oder Stoffdeko eines Gardinenfensters.
- Überhängende Zierdecke auf Polstermöbeln.
- Abwertend für ein altes Pferd.
- Abfällig für eine als hässlich empfundene Frau.

Schåchtel
Abwertend für eine alte, verbitterte Frau.
💬 Die ahl Schachtel lääft rum wie e jung Määdsche.

Schääl
- Abgestanden, geschmacklos.
- *Schääl gugge*, einen missgünstig von der Seite ansehen.

Schässlong
Liege, Kanapee, Sofa, Diwan.

Schaff
Mit etwas Mühe und Arbeit haben. *Seun Schaff håwwe.*

Schalder
- Kippbares → Owwerlischt am Fenster. Manchmal auch der normale Fensterflügel.
- Verglaster Bedienungsplatz. Zum Beispiel der Fahrkartenschalter, Bankschalter, Postschalter usw.

Schandamm
Polizist, Wachtmeister.

Schawellsche
Kleiner Holzhocker, Holzschemel.

Schawenzele
- Herumtreiben, flanieren.
- Um eine(n) Angebetete(n) verliebt herumtanzen.
Ist auch einfach als *schwenzele* im Gebrauch.

Schebber
- Blechgefäß, Messbecher.
- Schöpfkelle, *Subbeschebber.*

Schebbern
- Jemand eine runterhauen.
- Lautes Geräusch.
Q Des håt jetzt gånz schee geschebbert.

Scheggisch
- Bunt gemischt
- Sich *scheggisch lache.*
- Aufgeregt, erzürnt sein.
Q Mach disch doch ned so scheggisch, des geht rum.

Schelle
- Türglocke.
- Ohrfeige, Backpfeife.

Schelle Siebter
Wem schlecht ist, oder wer sich betrunken hat, der hängt rum wie ein Schelle Siebter.

Schenne
Schimpfen. Man wird geschennt.

Schepp
- Allgemein für schief, schräg. Windschief.
- Wen man nicht leiden kann, den guckt man *schepp* an.

🖉 Mein Oma hatte immer den gleichen Spruch auf der Zunge, wenn ihr etwas nicht akkurat und *kerzegråd* gelungen war. «Schepp is englisch. Un englisch is modern».

Scherremende
Ärger, Probleme, Schwierigkeiten.

Scherwe
- Glasscherben.
- Irdene Blumentöpfe aus Ton. *Blummescherwe*.

Scheuern
- Scheune.
- Jemandem eine runterhauen, eine *scheuern*.
- *Bescheuert* ist, wer nicht alle Tassen im Schrank hat.

Schibbe
- Schaufel. Der Spaten ist eine *Gråbschibbe*.
- *Uff die Schibbe nemme*, jemanden veräppeln, → fobbe.

Schibbel
Klappriges Fahrrad oder Auto.

Schickse
- Eingebildete, arrogante oder flatterhafte Frau.
- Nichtjüdische Frau.

≔ Eine Schickse macht angeblich jüdische Männer ungebührlich erotisch an. In der Umgangssprache ist das Wort eher für Flittchen oder hochnäsige Frauen im Umlauf.

Schieber
Langsamer Tanz, Lied zum Engtanzen, auch *Stehblues*.

🖉 Wenn *uff de Musik* eine langsame Runde gespielt wurde, dann schwirrten die jungen Männer aus, um eine der Hübschen fürs *Engdånze* zu ergattern. → Såmezieher. Nach dem Tanz gings → schnurstracks in die Bar. Umgedreht lief es aber auch. Bei Maskenbällen zum Beispiel war üblicherweise Damenwahl. Doch in der Bar durfte dann trotzdem der Mann die Zeche bezahlen.

Schier

-Betonungswort. Man sagt zum Beispiel *schier unmöglich*. Auch als Ersatzwort für beinahe, fast oder nahezu.

Q Der schiere Wahnsinn. Der mescht des aus schierer Lust.

-Begriff aus der Metzgerei. Schier ist ein Stück Fleisch ohne Fett und ohne Knochen.

Schießbudefigur

Einer der lächerlich und etwas überdreht daherkommt.

Schießbudesekt

Billiger Schaumwein.

@ Für ein paar Treffer konnte man an der Schießbude ein Piccolo oder wenn man sehr gut traf, auch eine große Flasche Sekt gewinnen. Zum Trinken war das → *Kliggerwasser* allerdings eher nicht geeignet. Manche nannten das pappsüße, weinhaltige Gesöff deshalb auch *Koppwehbrieh*.

Schifferscheiße

Spottwort, wenn zu wenig → Grips vorhanden ist. Oder wenn einer mehrmals nacheinander durch eine Prüfung rasselt.

Q Der is jå dumm wie Schifferscheiße.

Schigge

Kautabak kauen.

Schikåne

-Unfaire Methoden, mit denen jemand gequält, *schikaniert* oder → traktiert wird. Aufgestellte Hindernisse, Fallen.

-Extras, eine Sache mit ausgefallenen Besonderheiten.

≔ Ein → Restaurationsbrot zum Beispiel, ist ein belegtes Brot *mit alle Schikåne*.

Q Die hamm sich e Haus mit alle Schikåne gebaut.

Oder: Dem seu neu Audo hot alle Schikåne.

Schinånd

Verschämt, scheu, zurückhaltend.

Schindluder
Respektlose Behandlung, Missbrauch einer Sache.
Q Der treibt dodemit doch bloß Schindluder.

Schinnbladde
Narben, Flecken von fast abgeheilten oder alten Wunden.
Verschorfte Verletzungen, meistens am Knie.

Schinnoos
Durchtriebene Frau, Luder, mit allen Wassern gewaschenes
→ Frauenzimmer. → Ohs.

Schiss
-Angst haben.
-Durchfall haben, sich die Hosen vollmachen.

Schisser
Angsthase. Einer, der bei keiner Mutprobe mitmacht.

Schisslaweng
Allgemeines Wort für irgendwelches Zeug.

Schlaachskabutt
Übermüdet, ausgelaugt, fertig. → Erschosse.

Schlaachskerl
Hansdampf in allen Gassen, einer der alles fertigbringt, der
gern voran geht. Das Schlaachsweib gibt es ebenfalls.

Schlabbe
-Hausschuhe.
-Mancherorts auch eine Fuhre Mist oder Sand.
@ In Kahl wurden früher *Schlabbe*, Sandalen und Schuhe
beim *Schlabbe-Walter* hergestellt und direkt verkauft. In
heutiger Sprache wäre das ein Factory Outlet.
@ Dann haben wir das regional sehr erfolgreich verbreitete
Schlappeseppel Bier. Hier sind sich die Quellen nicht ganz
einig, ob es bei der originellen Namensfindung um einen
Hausschuh-Josef oder um einen *schlappen Seppel* ging.
2011 hat sich die Großostheimer Eder Brauerei, zu einer
merkwürdigen *Schlabbe* Aktion hinreisen lassen. Da kam

es nämlich zwischen Conrad Vogel, dem Besitzer des Traditions-Gasthauses Schlappeseppel und der Eder Brauerei zum handfesten, öffentlich ausgetragenen Krach. Der Gastwirt kündigte den Schlappeseppel Biervertrag, weil es für ihn sowieso keine «Liebesheirat» mit den Ederleuten gewesen sei. Ab sofort werde er das regional ebenfalls beliebte Faust Bier ausschenken, das ihm wegen besonderer Finessen ohnehin besser schmecke. Darüber *not amused*, plakatierte die Eder Brauerei bierernst, aber zur Erheiterung der Öffentlichkeit den säuerlichen Slogan: «Dem Seppel seine Schlappen stehen jetzt woanders». Und «Gaststätten verändern sich, unser Bier bleibt». Im Löhrgraben hing das Plakat sogar tagelang direkt neben der gleichzeitig laufenden Brauerei Faust Werbung für das Gasthaus Schlappeseppel.

Hintergrund: Das Gasthaus Schlappeseppel mit der ehemaligen Braustätte am Schlossplatz gehören bis heute der Familie Vogel. 1896 hatte es Konrad Vogel zusammen mit seiner Frau Anna erworben. Damals hieß die Firma noch *Steigerwald'sche Brauerei.*

1978 schloss der Enkel Conrad Vogel die Braustätte und verkaufte die Brau- und Namensrechte an die Aschaffenburger Heylands Bräu, die seinerzeit noch im Rossmarkt produzierte. Bei denen hatte er einen 33-Jahres-Schlappeseppel-Biervertrag für sein Gasthaus unterschrieben. Durch den mehrmaligen Verkauf der Marke Schlappeseppel, von Heylands zunächst an die März-Gruppe, dann weiter an Henninger und sogar an Dietmar Hopp von SAP, landeten die Markenrechte schließlich bei der Eder Brauerei.

Schlabbefligger
Unzuverlässige Person.

Schlabbekigger
Schlechte Fußballer. Allgemein für Leute mit wenig Talent.

Schlabbern
-Etwas geräuschvoll auflecken.

-Sich beim Essen vollschlabbern.

-Aus einem übervollen Gefäß etwas verschlabbern.

Schlabbisch
Unordentlich, ungepflegt, nachlässig angezogen.

Schlabbmaul
-Lautes Mundwerk.

-Angeber, manchmal auch Stänkerer.

Schlabbsack
Einer der oft seine Sachen verliert, im Chaos nichts mehr findet, alles herum liegen lässt, der *schlabbisch* ist..

Q̶ Råhm jetzt die Sogge weg, du alter Schlabbsack.

Schlabbschwånz
Versager. Mutloser Angsthase. → Schisser.

Schlaggern
-Wackeln, keinen festen Halt haben.

-*Mit de Ohrn schlaggern*, über etwas sprachlos sein.

Schlamassel
Schwierige Situation, missliche Notlage.

⋮≡ Enthält → Massel, was genau das Gegenteil bedeutet.

Schlårem
Schlampiger, unordentlicher Mensch.

Schlaubäjer
Pfiffiger, raffinierter, schlauer Mensch. → Fuchs.

Schlauche
Eine Sache, die einen stark mitnimmt, anstrengt oder müde und fertig macht, die *schlaucht*.

Schlawiner
Gerissener, bauernschlauer, hinterlistiger Typ. → Kujon.

Schlawittche
Jemand am Kragen, am *Schlawittche* packen.

⋮≡ Damit ist meist eine polizeiliche Verhaftung gemeint.

Q̶ Disch krien se ach noch åm Schlawittche.

Schlendriån
Langsame, unmotivierte und nachlässige Arbeitsweise.
Q Do håt sisch en scheene Schlendriån eugeschlische.

Schlenker
-Einen Schlenker machen: Einen kurzen Abstecher machen, von der geplanten Route abweichen.
-Schlenkern: Etwas hin und her schwingen.

Schlenze
Bummeln, faulenzen.

Schleife
-Ohne Schlittschuhe auf einer Einfläche rutschen. Auch auf glatt polierten Böden kann man *schleife*.
-Jemanden streng ausbilden, auch kujonieren. Das ist vor allem beim → Barras üblich. → Figge.

Schleimscheißer
Scheinheiliger Einschmeichler. der anderen sehr geschickt *Honisch ums Maul schmiert*.

Schleschel
Schwerer Holzhammer. Zum Beispiel bei «Hau den Lukas».

Schlibbsche
Unzuverlässiger, hinterlistiger Mensch. → Berschtsche.

Schliffer
Kleiner, spitzer Holzsplitter, Spleiß oder Spreißel, der beim hantieren mit Holz in die Haut eingedrungen ist.

Schlisch
Geheime Sachen, die von anderen aufgedeckt werden.
:≡ Einem *Uff die Schlich komme* ist das Ergebnis heimlicher Nachforschungen.

Schligges
Schuckauf.

Schlimiehl
Pechvogel, aber auch Schlaumeier.

Schlitzohr

Einer der listig und durchtrieben seine Ziele verfolgt.

:≡ Dem Begriff liegt eine mittelalterliche Bestrafung zugrunde. Einem Betrüger wurde damals nämlich das Ohr eingeschlitzt, um andere vor ihm zu warnen.

Schlohm

Planloser Mensch, einer dem fast alles egal ist.

Schlörkse

Mit den Füßen schleifen. Laufen ohne die Füße zu heben.

Schlubb

-Schleife.

:≡ Einen *Schlubb* macht man, wenn man ein Geschenk verpackt, ein Paket mit Paketkordel verschnürt, an den Schuhen die Schnürsenkel zubindet. ➙ Schuhbennel.

-Krawatte, Halsschleife oder Fliege.

Schlubbe

Anziehen. In die Schuhe oder in den Pullover *schlubbe*.

ℚ Do, schlubb emol neu.

Schluri

Unzuverlässiger Typ, Schlamper.

Schmagges

Was Schmagges hat, hat Schwung, Kraft, Geschmack.

Schmahse

Dicke Fliege, Schmeißfliege.

@ Früher hingen überall die honiggelben, spiralförmig aufgedrehten Klebestreifen, die *Flieschefenger*, mit denen man *Schmahse* und *Fliesche* vor allem in der Küche und in der ➙ Speis zu Leibe rückte.

Schmalsdaggel

Einer der sich mit schönen Reden anbiedert. ➙ Schleimer.

Schmann

Schmarren, Unsinn, Gelaber, erfundene Geschichte.

ℚ Babbel ned so en Schmann.

Schmatzer
Dicker, lauter Kuss.

Schmengenges
Unsinn, Blödsinniges, Unwahres.

Schmeerbauch
Dicker Bauch, Fettwanst, enorme Leibesfülle, ➜ Kietze.

Schmigge
Das Endstück der Peitsche.

Schmiss
-Schläge. Man bekommt *seu Schmiss*.
-Wenn etwas besonders gut aussieht, hat es Schmiss.
:≡ Eine ausgefallene Frisur, ein Make-Up, ein Outfit, ein sportliches Auto usw. können Schmiss haben. Ebenso ein Entwurf oder eine Erfindung.

Schmisser
Pferd, das austritt. Gilt für alle Huftiere.

Schmissisch
Attraktiv, flott, forsch, rasant. ➜ Uffgedaggelt.

Schmonsens
Unsinn, Blödsinn, dummes Zeug.
Q Der babbelt vielleischt en Schmonsens zåmme.

Schmuggelisch
Leicht verschmutzt, abgegriffen.

Schmuh
Unseriöse Geschäfte, Betrügereien, Lügengeschichten.

Schmuhs
Unsinniges, Blödsinniges. So eine Art Jägerlatein.

Schnabbe
-Hinken, ein Bein nachziehen.
-Zugreifen, erfassen. Durch die Polizei verhaften.

Schnackeln
Eine Situation die Aufmerksamkeit anzieht.

:≡ Wenn etwas besonderes passiert, dann *schnackelts*. Vor allem wenn man es schon öfter vergebens probiert hat. Wenn einer nach langem Hin und Her endlich etwas kapiert, dann sagt man auch: *Jetzt is de Grosche gefalle*.

Schnackeln darf man nicht mit *schnackseln* verwechseln. Auch wenn man nach einem Tête-à-tête sagen kann:

Q Jetzt håt's bei den zwaa jå doch noch *geschnackelt*.

Schnåbulieren
Etwas mit großem Genuss essen.

Schnäbbe
Auf der Kippe stehen.

Schnädderädädd
Loses Mundwerk, Plappermaul.

Schnääl
Wegschnecke, Nacktschnecke, kleine Schnecken im Salat.

Schnalle
-Heißes Mädchen.
-Etwas kapieren, verstehen.

Q Håstes endlisch geschnallt?

Schnaufpause
Einen Moment rasten, durchatmen, stehenbleiben.

Schnebbes
Kinderwort für den Penis. ➙ Veschelsche.

Schneegisch
Pingelig, wählerisch, für sich das Beste herausziehen.

Schneide
-Einer Person aus dem Weg gehen, sie *schneide*, keines Blickes würdigen.
-Eine Erwartung, die meist zur Strafe nicht erfüllt wird.

Q Do hõste dich geschnidde.

Schneubisch
➙ Schneegisch.

Schnibbel
Ein kleines Stück, ein Abschnitt. Auch *Schnibbsel*.

:≡ Ein *Stoffschnibbel* oder ein *Babierschnibbel*. Kinder bekommen beim Metzger *en Schnibbel Worscht*.

Schnibbele
Kleinschneiden.

:≡ Gemüse und Salat, oder Wurst in der Suppe, werden beim Kochen klein *geschnibbelt*, z.b. *Schnibbelbohne*. Ein Chirurg *schnibbelt* an seinen Patienten herum.

Schnitt
- Einen guten Schnitt machen bedeutet, mehr Gewinn oder Vorteile erzielen, als zu erwarten war.
- Ein schnell gezapftes, halbes Bier. →• Absagger.

:≡ Ein letztes Bier, das mit Schwung ins gerade gehaltene Glas gezapft wird, bis der Schaum den Glasrand erreicht. Berechnet wird üblicherweise nur der halbe Preis. Meistens ist aber mehr drin, also macht man einen guten Schnitt.

Schnitz
Geschältes Apfelstück, zum Beispiel für den Obstkuchen.

Schnodderisch
Provozierender, großsprecherischer Auftritt, der den angemessenen Respekt vermissen lässt.

Schnörrer
Abstauber. Einer der die Bettelei eigentlich gar nicht nötig hätte und trotzdem gern auf anderer Leute Kosten lebt.

Schnörres
Oberlippenbart, Schnurrbart.

Schnubbe
Egal. Uninteressant.

Q Des is mir schnubbe.

Schnuude
Mund, eher abfällig gemeint.

Q Zieh ned so e Schnude.

Schnuddel
Abgebundenes, abstehendes Ende.
Q Die Worscht hot am End en Schnuddel.

Schnüss
Mundwerk.
Q Halt deu Schnüss. Oder: Es gibt was uff die Schnüss.

Schnuffele
-Die Nase geräuschvoll hochziehen.
-Etwas trotz Verbotes suchen.
Q Wås schnuffelsden hier rum?

Schnulli
Dummkopf, Nichtskönner.

Schnuggelsche
Kosename für eine süße Frau, in die man verliebt ist. Die ist dann selbstredend *gånz schee schnuggelisch*.

Schnurstracks
Zügig, schnell, umgehend. Auch *schnurstracks grådaus*.
Stracks gehen bedeutet auch aufrecht gehen.

Schodder
Bargeld. Ganz allgemein für viel Geld. → Penunze.

Schobbe
-Mengenbezeichnung. Ein Viertel Liter.
≔ Auch Getreide wurde früher in *Schobbe* gemessen. Das entsprach einem halben Liter oder einem Pfund. Deshalb kam es teilweise zu Verwirrungen. Mancherorts ist nämlich ein *Schobbe Milsch* ebenfalls ein halber Liter.
-Ein viertel Liter Wein, der in Franken traditionell in einem → Römer ausgeschenkt wird.
-Einen *Schobbe mache*, etwas trinken gehen. Wer gern einen trinken geht, ist ein *Schobbepetzer* und *schöbbelt*.

Schogge
-Jemanden mit einer Sache erschrecken, schocken.
-Sich etwas zuwerfen.

:≡ Auf dem Bau werden zum Beispiel Backsteine oder Dachziegel von einem zum anderen geworfen, geschoggt. Die Mannschaft steht dazu in einer entsprechend langen Reihe nebeneinander.

Schoggele
Schaukeln. Das Baby in den Schlaf wiegen.

Schoggelgaul
Hölzernes Schaukelpferd.

Schokoladinsche
Beliebter, meist selbstgemachter Weihnachtskonfekt.

:≡ Eine Art Praline mit schichtweisem Wechsel einer Schokoladenmasse und weißen Oblaten. Die Schokoladina werden nach dem abkühlen und aushärten meist in Trapezform geschnitten.

Schoorn
Anderen etwas wegnehmen, stehlen, Klauen. Erbetteln.

Schorwächtern
Durchtriebene Frau, die sprichwörtlich mit allen Wassern gewaschen ist. → Schinnoos.

@ Es gibt ein schönes Zitat, das hier ganz gut passt: Leute, die mit allen Wassern gewaschen sind, haben trotzdem meistens ziemlich viel Dreck am Stecken.

Schoude
Überdrehter, meist nicht ganz ernst zu nehmender Mann. Manchmal auch ein wenig hinterhältig und verschlagen.

Schoufel
Unanständig, bösartig, hinterlistig.

Schråmmele
Stümperhaft Gitarre spielen.

:≡ Die sogenannte *Schrammelmusik* ist nach den Wiener Geigern Johann und Josef Schrammel benannt.

Schrappnell
Eine als besonders hässlich empfundene Frau.

≔ Ein bösartiges Spottwort. Denn Schrappnell kommt aus dem Militärwortschatz. Gemeint sind mit Metallkugeln gefüllte Artilleriegranaten, die erst kurz vor dem Ziel explodieren, um möglichst hohe Schäden anzurichten.

Schreebel
Ungehobelter, auch leicht verpeilter Mensch.

Schrieb
Abwertend für Brief oder Formular. ↦ Wisch.

Schrubbe
-Putzen. Auch etwas mit Hochdruck abarbeiten.
-Wie wild Gitarre spielen.

Schrumbelisch
Runzelig, faltig, vertrocknet. ↦ Verhutzelt.
≔ Eingekellertes Obst wird mit der Zeit *schrumbelisch*. Genauso wie die Haut im zunehmenden Alter *schrumbelt*.

Schuarieschel
Schelm, Strolch, Schlingel.

Schuffde
Schwer arbeiten, sich abplagen.

Schuhbennel
Schnürsenkel. ↦ Schlupp.

Schussel
Vergessliche, dämliche und ungeschickte Person.

Schwachert
Unfähiger Mann.

Schwadroniern
Prahlen. Laute und ausladende Reden schwingen.

Schwachmade
Körperlich oder geistig schwächelnder, zaghafter Mensch.

Schwänze
Fernbleiben, etwas absichtlich versäumen.
≔ *Die Schul schwänze*. ↦ Blau machen.

Schwafele

Endlos völlig uninteressantes Zeug von sich geben.

Schwåhne

Ungünstiges im Voraus ahnen. Es *schwåhnt* nichts Gutes.

Schwaller

Einer der viel *schwafelt* und sich gern selbst reden hört, der andere nicht gern zu Wort kommen lässt.

Schwedische Gardine

Synonym für Gefängnis und Knast.

:≡ Wer *eugelocht* wird, sitzt *hinner schwedische Gardine*. Man kann auch sagen: *Der is in Schwede Gardine kaafe*.

Schweern

Furnkel, Abszess, Eiterbeule.

Schwelle

Türschwelle. Erhöhtes Bodenbrett im Türstock. Auch Bahnschwellen als Träger der Schienen.

:≡ Ein magischer Punkt, der das Innere des Hauses sinnbildlich vom Äußeren trennt. Zum Beispiel die heile Familie von der bösen Welt. Ein Bräutigam muss seine Braut über die *Schwelle* tragen, weil sie nun zum Kreis der Familie gehört. Wer Hausverbot hat, darf die *Schwelle* nicht mehr überschreiten. Das wurde auch unerwünschten Schwiegersöhnen und -töchtern angedroht, und der bösen Schwiegermutter.

💬 Die kimmt mer hier nischt mehr üwwer die Schwelle.

Schwelles

Großer Kopf, Dickkopf. → Knörrnkopp. → Massig.

💬 Der muss immer seun Schwelles dörschsetze.

Schwemm

Waldpilze. Pfifferlinge sind *Eierschwemm*. → Rehling.

💬 Mir gehn in die Schwemm.

Schwerenöder

Schürzenjäger. Durchtriebener Geselle mit aufdringlichem Charme. → Schleimscheißer.

Schwindsucht

Tuberkulose, TBC.

:≡ Infektionskrankheit, auch *Weiße Pest* oder *Bleiches Sterben* genannt. Das Wort kommt vom gravierenden Gewichtsverlust, der sich bei TBC einstellt.

Schwoofe

Gesellschaftstanz ganz allgemein.

:≡ Oft ist damit aber eng und langsam tanzen gemeint. Zu RockNRoll, Twist und Beat kann man nicht *schwoofe*.

Schwubbdich

Schnell, im Handumdrehen.

Schwubbs

Etwas → ratzfatz fertig machen.

Schwulidäde

In einer unangenehmen Sache in Bedrängnis kommen.

Q Des bringt misch jetzt gånz schee in Schwulidäde.

Schwulst

Schwülstige Bücher, → Heftsche, Schallplatten.

:≡ *Schwülsdisch* sind aber auch die naiv romantischen Bilder in manchen Wohnzimmern, wie zum Beispiel *Röhrender Hirsch* oder *Sonnenuntergang am Bergsee*.

Schwummerisch

Flaues, schwammiges Gefühl. Lampenfieber.

:≡ Wenn man sich in einer Situation unsicher fühlt und aufgeregt ist, dann ist einem *gånz schwummerisch*.

Sefdl

Tollpatsch, Dummkopf, Hanswurst.

Seggel

-Einer dem man alles zutraut.

-Hosentasche.

Q Steck der des Ding in de Seggel.

Oder beide Bedeutungen zusammen verwendet:

Q Dem Seggel seu Dodehemd håt ach kå Seggel.

Seie
Küchensieb.

Seier
Wenn man jemanden nervt und unerwünscht volllabert, dann geht man ihm schnell *uff de Seier*.

Sellemols
Damals, früher.

Selles und jenes
Dies und das.

Selzerwasser
Mineralwasser mit Kohlensäure. ➙ Kliggerwasser.

Semmede
Im Ofen gebackener Weckteig.

Semmel
-Bei uns unübliche Bezeichnung für ein Brötchen, einen *Weck*. Wird eher im Fränkischen und im südlichen Bayern gesagt. Nur die Kaisersemmel konnte sich einbürgern.
-Das frühere Studiensemniar und Internat neben der Jesuitenkirche, in der Aschaffenburger Pfaffengasse. Gehörte vor dem Krieg zum ➙ Humma.
@ Im Semmel wohnten Schüler der Aschaffenburger Gymnasien, wenn die tägliche Bahn- oder Busfahrt zu umständlich oder ganz und gar unmöglich war. Eine ähnliche Einrichtung war das Miltenberger Kilianeum. Das war aber Schülern vorbehalten, die Theologie studieren wollten.

Senge
Schläge, Tracht Prügel.

Senkel
-Bleilot auf dem Bau, zum feststellen der Senkrechten.
-Zurechtweisung, Ermahnung
Q Den hâb isch ordentlisch in de Senkel gestellt.

Sesselforzer
Bürohengst.

:≡ Ein Mensch der nichts anderes kennt als Ordner, Vor-
schriften, Paragraphen und Schreibtischarbeit, ist ein *Sesselforzer.* Das Wort wird oft für Beamte benutzt.

Seupeter
Vom Spielen eingedrecktes Kind.
:≡ Jemand, der keine Ordnung hält, alles vollkleckert und
verschmutzt, der die ganze → Walachei im schmutzigen,
unordentlichen Zustand zurück lässt.

Siddi
City, Kurzname für die Aschaffenburger City Galerie.
@ Am 7. März 1974 wurde die neue Einkaufswelt am Rande
des Schöntals eröffnet. An gleicher Stelle war vorher die
1812 von Philipp Dessauer gegründete Buntpapierfabrik mit
einem riesigen Schornstein als Wahrzeichen.
Die Siddi entfaltete schnell eine hohe Anziehung und ver-
wandelte Aschaffenburg zu einer attraktiven Einkaufsstadt.
Aus der Herrschelgass zogen der Kaufhof (→ Winkelmann)
und vom Scharfeck das Kaufhaus Berhard in die City. Die
Kaufhalle blieb zunächst am Herstallturm, Ecke Rossmarkt.
Neu für Aschaffenburg waren der C&A, das Versandhaus
Neckermann und rund vierzig weitere Geschäfte.
Unumstritten war die *Siddi* übrigens nicht. Der Bauplan
wurde im Stadtrat mit nur einer Stimme Mehrheit beschlos-
sen. Auch der alteingesessene Einzelhandel wehrte sich
ängstlich. Deshalb wurde die *Herrschelgass* noch vor der
Eröffnung in eine attraktive Fußgängerzone umgewandelt,
weil sich dort die Geschäfte, angesichts der vermuteten
Konkurrenz, um ihre Existenz sorgten. Im Nachhinein zeig-
te sich, wie weitsichtig der städtische Strukturwandel war.
Denn die *Herrschelgass* ist heute die begehrteste Geschäfts-
meile in der Stadt und erzielt die höchsten Pachten.
Auch in der Frohsinnstraße, Steingasse, Sandgasse und im
Rossmarkt fühlte man sich zunächst bedroht, ist aber längst
mit der Gesamtentwicklung zufrieden. Heute gilt die Kom-

bination der City Galerie mit der weitläufigen Fußgängerzone als gut gelungene und vorbildliche Symbiose des innerstädtischen Einzelhandels.

Simbl
Dummkopf.

Simmeliern
Nachdenken, grübeln, sinnieren.

Sitzfleisch
Wer Sitzfleisch hat, kann lange konzentriert bei einer Sache bleiben. Gilt auch für ausdauernde Kneipenhocker.

Sohre
Frau die keine Ordnung kennt. ➞ Frauenzimmer.

Sodele
So, jetzt. Fertig! Zufrieden mit dem, was man gemacht hat.

Solwer
In Salz gepökeltes Fleisch.
≔ Das Pökeln ist eine sehr alte Konservierungsmethode, die früher vor allem bei langen Seefahrten verbreitet war. Typische Hausmannskost: *Solwer un sauerne Bohne*.

Sonntågsstaat
Die guten Klamotten, die man früher nur an Sonn-, Feier- und Festtagen anziehen durfte.
@ Zum *Sonntagsstaat* gehören Sonntagskleider, Sonntagshut, Sonntagsanzug, Sonntagshose, Sonntagshemd und Sonntagsschuhe. Natürlich auch Trachtenkleider und Trachtenanzüge. Eine Ausnahme bildet die Unterhose, die weder Sonntag noch Werktag kennt. Sie musste früher eine ganze Woche durchhalten und wurde samstags gewechselt, nachdem die ganze Familie in der ➞ Prenke gebadet hatte.

Soole
Schlampe. Leichtes Mädchen.

Spåchtele
Essen, etwas heißhungrig verspeisen.

Spanner
-Schuhspanner.
-Voyeur. ➝ Lunse.

Spatzekersche
Wildkirschen.

Speebrenner
Geizhals, Knauserer, *Krämerseele*.
⫶≡ Einer, der jeden Euro dreimal umdreht, ohne es eigentlich nötig zu haben. Ein ➝ Fennischfuchser.

Speis
-Angerührter Mörtel.
-Speisekammer. Vorratsraum neben der Küche.

Spekulier-Eise
Brille. ➝ Glotzofon.

Spendierhose
Wer die Spendierhose anhat, ist in Geberlaune, ist großzügig, zahlt die Zeche und wirft etwas ins Sparschwein.

Sperrångelweit
Weit offen, total offen.
⫶≡ Türen, Fenster und Hoftore können *sperrångelweit* aufstehen. Oder man reisst den Mund beim Gähnen *sperrångelweit uff*.

Sperre
Früherer Durchgang im Bahnhof zu den Bahnsteigen.
⌀ Wer zum Zug, und damit auf den Bahnsteig wollte, musste durch die *Sperre*. Dort stand eine Art Kassenhäuschen, wo der uniformierte Bahn-Kontrolleur die Fahrkarten mit einer Lochzange knipste. Die *Sperre* wurde erst kurz vor Zugankunft geöffnet. Vorher musste man sich in der Bahnhofshalle *rumdrügge* oder im bierdünstigen Wartesaal aufhalten. Der war in Aschaffenburg ziemlich gruselig. Immer ➝ rackelvoll, laut und total verraucht. Man sah kaum die fünf Meter entfernte Bahnhofsuhr.

@ Wer Reisende direkt am Zug abholen wollte, brauchte eine Bahnsteigkarte, die man sich für zwanzig bis fünfzig Pfennig am Fahrkartenschalter kaufte. Hauptbahnhöfe hatten sogar Automaten für Bahnsteigkarten.

@ Mein Elsenfelder Onkel und → Petter Alfons war nicht nur Metzger und Gastwirt, sondern später auch Eisenbahner und hatte deshalb oft an der Elsenfelder *Sperre* Dienst. Bei jeder passenden Gelegenheit hat er seinen Lieblingsspruch losgelassen: *Ohne Loch kånn isch kåån fåhn låsse.*

Sperrmäulern
Den Mund beim Gähnen nicht mit der Hand verdecken.

Speuze
Spucken, die Spucke.

Spirenzjen
Verrückte Einfälle. Träumereien. → Fisimatente.

Spitzkligger
Gerissener, bauernschlauer, durchtriebener Kerl.

Spreisel
Fein gehackte Holzscheite zum Feuer anmachen, bevorzugt aus harzreichem Kienholz.

Sprieß
Stange zum Abstützen, zum Beispiel bei reich tragenden Obstbäumen oder auch auf dem Bau.

Spritzehaus
Feuerwehrhaus.

@ In Kahl diente das alte Spritzehaus lange auch als vorläufiges Gefängnis. → Kittsche. Denn es konnte dauern, bis die Landpolizei einen Delinquenten abholte, um ihn nach Alzenau ins Gefängnis an der Burg oder gleich nach Aschaffenburg *Hinner die Sandkersch* schaffte. → Lohr.

Sprichklobber
Einer, dem man nichts glaubt, weil er fantastische und meist frei erfundene Geschichten erzählt.

📎 Ein astreiner *Sprichklobber* war in Kahl der Bley Karl, der jeden *dummschwätzte.*
Gute *Sprichklobber* sind auch die Marktschreier, wie sie zum Beispiel in *Aschebersch* loslegen, wenn wieder einmal der Hamburger Fischmarkt am Schloss gastiert.

Spruuz
Kleine Menge Flüssigkeit, vor allem beim Kochen üblich.
💬 Mach noch en Spruuz Essig neu.

Spugges
Eingebildeter Kerl.

Spurn
Gehorsam und artig sein, Eltern und Erziehern folgen.
💬 Wenn de ned spurst, hoste åb moje Hausarrest.

Stabaus renne
Schnell wegrennen, abhauen, davonlaufen.

Ståndpauke
Gardinenpredigt. Ernsthaft ins Gewissen reden.

Stänkern
Provozieren, Streit anfangen.

Ståsetzer
Feldgeworener, Steinsetzer, Landvermesser, Siebener.
📎 Ein Ehrenamt, das es seit dem 13. Jahrhundert gibt. Es wurde ausschließlich von Männern mit gutem Leumund begleitet, die sich im Ort auskannten und so den richtigen Grenzverlauf gewährleisten konnten. Sie wurden vereidigt, waren angesehen, aber auch gefürchtet. Weil ursprünglich immer sieben Männer für das Amt bestimmt wurden, hießen sie auch *Die Siebener.* Grenzsteine durften nur durch die *Ståsetzer* platziert oder versetzt werden. Unter den Steinen wurden zur Sicherung Markierungen aus Ton, Metall oder Glas ausgelegt, deren Anordnung nur den Feldgeschworenen bekannt war. So konnten sie im Streitfall erkennen, ob ein Stein rechtswidrig verschoben wurde.

Das sogenannte *Siebenergeheimnis* hat sich heute durch die Digitalisierung der Grundbücher erledigt.

Steckesteif

-Jemand, der total betrunken ist. ➝ Strack.

-Etwas, das steif gefroren ist.

@ Früher hat man die Wäsche auch im Winter zum Trocknen auf die Leine ins Freie gehängt. Die Bettlaken wurden im Frost schnell *steggesteif* und hart wie ➝ *Babbedeggel* oder *Steif wie e Brett.*

Stecksche

Zimmerpflanze.

≔ Zum Beispiel ein Alpenveilchen oder ein Weihnachtskaktus im Übertopf. Größere Pflanzen heißen *Stock.*

Steffel

Stützstab.

≔ Der Steffel wird im Garten gebraucht, um Pflanzen Halt zu geben, zum Beispiel mit einem *Tomatesteffel.* Bohnen hingegen werden an der *Bohnestange* gezogen.

Stembele gehe

Sich arbeitlos melden. Allgemein für arbeitslos sein.

≔ Früher wurde Arbeitslosen das erhaltene Arbeitslosengeld mit einem Stempel auf der *Stempelkårte* eingetragen.

Stenner

Offenes Apfelweinfässchen. Großer, mit einem Deckel abdeckbarer Holzbottich.

Steppsel

Kleiner Junge ➝ Zwoggel.

Sterzlings nuff oder nåbb

Senkrecht nach oben oder nach unten. Kopfvor springen.

Sternhachelvoll

Total besoffen. ➝ Blau. ➝ Strack.

Steube

Jemanden verjagen.

Stich

In Salz eingelegtes Schweinefleisch. Auch Dicke Rippe, Brustspitze. → Solwer.

@ Ein typisches fränkisch-hessisches Regionalgericht, ähnlich wie Kesselfleisch, das am Schlachttag auf den Tisch kommt. Das gekochte Fleischstück wird mit dicker, *schwabbelischer* Fettschwarte serviert. Dazu passt am besten herzhaftes Bauernbrot oder Kartoffelbrei und Sauerkraut.

:≡ Das Wort Stich kommt direkt vom Schlachtvorgang. Es bezeichnet die Stelle im Fleisch, wo der Metzger beim Schlachten hineinsticht.

Stichele

Jemanden nerven, Mit *Sticheleie bis uffs Blut reize*.

Stielaache

Gieriger Blick. Vor allem wenn es etwas erotisch aufreizendes zu sehen gibt, kriegen die Männer *Stielaache*.

Stiffel

- Stiefel.
- Unsinn.

Q Babbel ned so en Stiffel.

- Bierglas in Stiefelform, mit einem halben, einem oder sogar mit drei Litern Fassungsvermögen.

@ Es ist nicht ganz einfach, das Bier aus einem *Stiffel* zu trinken. Wenn man das Glas nur ein bisschen falsch hält, schüttet man sich das Gesöff ganz schnell ins Gesicht. Eine absehbare Gaudi.

Stift

- Auszubildender, Lehrling.
- Wenn man etwas befürchtet, geht einem der Stift.

Stifte gehe

Abhauen, sich verdrücken, verschwinden.

Stiftekopp

Millimeterkurze Frisur. → Mecki.

Stinkbock
Unangenehmer Mensch.

Stinkisch
Sauer auf einen anderen. Verärgert, launisch.

Stinkwiwwel
Ein Kind, das sich beim Spielen *eugesaut* hat.

Stitze
Blech-Getränkekanne, die Bauern aufs Feld mitnahmen.

Stobbele
Auf den Äckern den Rest der Ernte einsammeln.

@ Arme Leute gingen früher nach der Ernte noch einmal über die Felder und sammelten liegengelassene Reste ein. Man *stobbelte* Getreide und Rüben, vor allem aber Kartoffeln. Die liegengebliebenen Kartoffeln waren dem Bauer zu klein, zu verwachsen oder sie wurden übersehen.

Stobbelhobbser
- Abfällig für Infanteriesoldaten, vor allem für Rekruten.
- In der Studentensprache ein Student der Landwirtschaft.

Stöbbsel
- Gummiverschluss im Spülbecken.
- Kleines Kind.

Stöffsche
Apfelwein.

Stogg
Storch, Klapperstorch.

Storaks
Ungebildeter Kerl, Draufgänger. Mann ohne Benehmen.

Straasel
Laub, das als Einstreu-Ersatz im Stall verwendet wurde.

≔ Wenn jemand seine *siwwe Sache* überall ausgebreitet hat, zum Beispiel Schulhefte, Stifte, Bücher usw., heißt es:
Q Du host widder alles eugestraaselt.

Strack
Betrunken. → Blau. → Raal zu.

Ø Gerne erinnern wir uns an dieser Stelle an den genauso beliebten, wie beleibten Schauspieler Günter Strack (1929-1999), der in Wasserlos und im fränkischen Iphofen eigene Weinberge hatte. Die Wasserloser waren sehr stolz auf ihren berühmten Winzer. Ob er angesichts seiner großen Weinvorräte auch öfter mal *strack* war, wissen wir natürlich nicht. Lesen Sie dazu auch die Anekdote auf Seite 38.

Stragula
Beliebter Bodenbelag in Küche und Wohnstube.

Ø Stragula ist eine mit Teer imprägnierte dicke Pappe, ist billiger als Linoleum und meist mit Teppichmustern bedruckt. Früher gab es auch Stragula-Läufer, mit Orientteppich Muster. Das Material wird mit der Zeit brüchig und unansehnlich, vor allem weil sich die Druckfarben und Oberflächen an den viel belaufenen Stellen abreiben. Stragula wurde durch die Tapiflex PVC Beläge abgelöst. Denen folgten dann Teppichböden und Laminat Dielen. Besonders das früher berüchtigte «Kahler Teppichhaus» und der Aschaffenburger «Raumdeco» (heute ist in dem Mainaschaffer Gebäude der Media Markt), waren die Treiber im Teppichbodenverkauf, direkt von der Pater-Noster Rolle.

Strawanze
Wie ein Vagabund in der Gegend herumtreiben.

Streunern
Sich in der Gegend herumtreiben. → Stromer.

Stribbe
Elektrokabel, Telefonkabel. Auch Telefon.
ℚ Isch håb deu Modder an de Stribbe.

Stribbezieher
-Abfällig für Elektriker.
-Jemand der im Hintergrund die Fäden zieht, der andere durch seine Beziehungen und Möglichkeiten manipuliert.

Stribbse
Stehlen, klauen.

Striezi
Verschlagener Mensch, Strolch.

Stronzen
Sich herumtreiben. Ein unstetes Leben führen.

Stromer
Einer, der sich in der → Weltgeschichte herumtreibt.

Strullern
Ein kleines Geschäft machen. → Rabbele, pinkeln, Wasser lassen. *En Schinnees in die Eck stelle.*

Strunzdumm
Einfältig, verblödet. Eine Person, die selbst die einfachsten Sachen nicht kapiert oder erledigen kann.
Q Mannomeder, der is jå strunzdumm.

Struwwelkopp
Ungekämmt ist die Frisur *verstruwwelt, struwwelisch.*
@ Unordentlichen und unartigen Kindern hat man früher mit dem «Struwwelpeter» Angst gemacht. Die gruseligen Geschichten endeten beim *Suppenkasper* sogar mit dem Tod. Den später umstrittenen Bestseller hat der Frankfurter Arzt und Psychiater Heinrich Hoffmann 1844 verfasst. Für Mädchen gab es ab 1955 die «Struwwelliese» als Pendant.

Stumbe
- Anstoßen, antippen, *schubbse.*
- Dicke Zigarre.

Stuss
Nonsens, dummes Zeug, Unsinn.

Stutzer
Kurzer Mantel, etwas länger als eine → Jobbe.

Stutzje
Kleiner Hügel, kurz ansteigender Weg.

Suff

Wen man aus einer brenzligen Situation heil herauskommt, hat man *Suff* gehabt.

Suffkopp

-Einer der eher zufällig vom Glück überrascht wird.

-Betrunkener. Allgemein für Trinker und Alkoholiker.

 @ Viele rechtfertigen sich mit folgendem kleinen Gedicht: «Alkohol und Nikotin, rafft die halbe Menschheit hin. Doch auch ohne Schnaps und Rauch, stirbt die andre Hälfte auch».

Suggele

An etwas saugen. Zum Beispiel am Strohhalm, der in der Limoflasche steckt. ➙ Nuggel.

⦂☰ Ähnlich ist auch das schmatzige *Zuzzele* zu verstehen, das in München und Oberbayern als Essensvorschrift für frische Weißwürstl gilt.

Summs

Lästiges Geschwafel, Schwachsinn.

Q Der gánze Summs indressiert doch keun Mensch.

Summser

Der Kopf, vor allem auch der Denkapparat. ➙ Herrnkaste.

Q Do musste deun Summser halt emol ohstrenge.

T

Tacheles
Ein Gespräch auf den Punkt bringen, Tacheles reden. Mit einem anderen ein ernstes Wort reden. → Tapet.

Tågdieb
Schlägt die Zeit tot und hält dabei die anderen auch noch von der Arbeit ab. → Streuner.

Tapet
Was dringend gesagt werden muss, kommt aufs Tapet.

≔ Das Wort kommt nicht von der Tapete. Vielmehr ist das Tapet eine schwere Tischdecke oder der Stoffbezug eines Konferenztisches. Eine Sache, die aufs Tapet kommt, wird also endlich am Tisch besprochen.

Techtelmechtel
Flirt, Romanze, Affäre.

≔ Abgeleitet vom französischen Tete-a-tete.

Terz
Terz machen: Viel Aufhebens um nichts.

Tibbelbruder
Landstreicher. Auch Handwerksgeselle auf der → Walz.

Tibbse
Schreibkraft, Büroangestellte, Sekretärin.

Tohuwabohu
Totales Durcheinander. Viel Aufregung um nichts.

Trácht
Eigentlich ist damit die traditionelle Bekleidung gemeint. Doch man kann auch eine *Trácht* Prügel bekommen.

Trackdiern
Eine Person mit etwas bedrängen, das als absolut unangenehm empfunden wird. Quälen, Peinigen.

Trämbe
Per Anhalter fahren. Autostop.

@ Bis in die Achtziger Jahre hinein war trampen eine ganz normale Option, um von A nach B zu kommen. Schüler fuhren per Anhalter, wenn der Schulbus weg war. Auch im Urlaub wurden oft weite Strecken getrampt und *von de Mussig* gings per Anhalter heim. Autofahrer haben Tramper meist mitgenommen.

Trätmiehl
Maloche. Anstrengender, relativ eintöniger Arbeitsplatz.

Trånfunzel
Ein langsamer, vertrödelter, verpeilter Zeitgenosse.

Trapp
Jemanden auf Trapp halten: Mit eiliger Arbeit beschäftigen, antreiben, nicht zur Ruhe kommen lassen.

Tratsche / Traatsche
- Kurz und hart gesprochen bedeutet es stark regnen. In manchen Orten sagt man auch *platsche*.
- Mit langem A gesprochen ist es hingegen der Dorfklatsch, das Geplauder und *Getraatsche* und die Gerüchteküche. Der *Traatsch* ist oft mit gehässigen Lästereien verbunden.

Trauerlabbe
Armseliger Nichtskönner, Versager.

Q Was issen des ferren Trauerlabbe?

Trawande
- Lärmende Kinderschar, familiärer Anhang.
- Gesindel, Herumtreiber.

Triller
Bahnübergang auf freier Strecke, früher zum Beispiel zwischen Kahl und Dettingen. Gab es an vielen Bahngleisen.

@ Der Triller war ein rot/weißes, eisernes Drehkreuz am Bahndamm, ein sicherer Schutz war es nicht. Es gab oft Beinahe-Unfälle und sogar Tote, vor allem wenn jemand die

Gleise trotz Verbot mit dem Fahrrad überquerte. Halbstarke veranstalteten gefährliche Mutproben. Wer rennt mit dem kürzesten Abstand vor einem Zug über die Gleise? Da ist manchem Lokführer das Herz stehen geblieben.

Trollo
Ungeschickter Mensch.

Trottwa Schwalwe
Dame aus dem *horizontalen Gewerbe*, die am Gehsteig auf ihre Kundschaft wartet.

Trumm
Großes, oder unförmiges Teil.
Q Des is jâ e → mords Trumm.

Tuckern
Mit einem Auto oder Moped → rumgurke.
⋮≡ Gemeint ist das tuckernde Motorengeräusch.

Tumba
Sarg Attrappe.
@ Sargförmiges Holzgestell mit schwarzem Überwurf, mit silbernen Kreuzen und geschwungenen Palmwedeln bestickt. Die Tumba wurde früher beim ersten Seelengottesdienst vor dem Altar aufgebaut.

Tunichtgut
Unverträglicher Zeitgenosse.

Tussnelda
Salopp abwertend für Frauen.
⋮≡ Germanische Heldin, Gattin des Cheruskerfürsten Arminius. Häufiger Frauenname im 19. Jahrhundert. Die Tusnelda Allee in Berlin-Moabit ist die kürzeste Allee der Welt.

Tuttifrutti
Alles Durcheinander.
⋮≡ Übersetzt aus dem italienischen: Alle Früchte.
@ Tutti Frutti war auch die erste TV Erotik Spielshow, die Hugo Egon Balder von 1991 bis 1993 bei RTL moderierte.

U

Üwwergångsmåndel
Leichtere Version des Wintermantels, den man an kühlen Tagen im Frühling und Herbst trägt. Viele hatten auch einen Duffle Coat, im Dialekt *Daffelkord* gesprochen. Mein Vater und mein Onkel waren ausgezeichnete Schneider, die sehr gute, maßgenaue Mäntel genäht haben.

Üwwerkandiddelt
Ein überspannter Mensch, exaltiert und leicht verrückt.
→ Üwwerzwersch.

Üwwerschlåche
- Niedrig gehaltene Raumtemperatur, nur Frostschutz.
- Eine Summe grob abschätzen, ohne jede Einzelheit bereits genau auszurechnen.
- Mut- und Kraftprobe an der Schiffschaukel.

Üwwerzwersch
Aufgedreht, verrückt, durchgeknallt. → Ballaballa.

Uff die Musik
Tanzen gehen.

≡ Gehts zur Blasmusik oder zu einer Kapelle oder Band, die zum Tanz aufspielt, dann gehts *uff die Musik*. Das trifft besonders für Heimatfeste, die Kerb, den Tanz in den Mai oder auf die früher sehr beliebten Maskenbälle zu. Legendär war in Aschaffenburg der alternative Rockfasching in der Schweinheimer Turnhalle. Mehr zur Musik und zu den regionalen Bands steht im Kapitel «Hessebayern» ab Seite 26.

Q Moi Fraa håb isch uff de Musik kennegelernt.

Uffdische
Etwas unangenehmes mitteilen, einem anderen seine Fehler *unner die Nåse reiwe*. Aufs → Tapet bringen.

Uffdotze

Aufschlagen.

:≡ Alles was am Boden aufschlägt, *dotzt uff.* Bälle, Obst das vom Baum fällt, herunterfallendes Baumaterial. Man kann auch mit dem *Kopp uffdotze.*

Uffgåwwele

-Jemanden unterwegs antreffen und mitnehmen.

-Eine Sache oder einen Zusammenhang mitbekommen.

Q Des/den/die håb isch im vobeigehe uffgegåwwelt.

Uffgedaggelt

Übertrieben zurecht gemacht, allzu modisch angezogen, viel zu stark geschminkt und parfümiert.

Uffgedonnert

→ Uffgedaggelt.

Uffmugge

Sich wehren, protestieren, aufbegehren, widersprechen.

Uffrabbele

Mühsam aufstehen, sich endlich für etwas entscheiden.

Uffschnabbe

Etwas beiläufig mitbekommen, das aber nicht für alle Ohren bestimmt war. → Uffgåwwele.

Uffzuuch

Die Art wie jemand zurechtgemacht oder angezogen ist.

Uhres

-Spät. Bis weit nach Mitternacht. Bis in die Puppen.

Q Des geht garandiert widder bis Uhres.

Oder: Du wårst widder fört bis Uhres.

:≡ Man kann mit *Uhres* auch die Zeit ansagen.

Uhres Zwelf wäre dann zum Beispiel ungefähr um zwölf.

-*Uhres soi* heißt, einer Sache überdrüssig sein.

Q Des Gedees hab isch uhres.

Uhz

Witz, Streich, Scherz.

Uhze
Jemanden veräppeln, Spaß machen.

Umknackse
Den Fuß umknicken und schmerzhaft verstauchen.

Umme
Umsonst. Eine Leistung die nichts kostet, ist *für umme*.

Ummodele
Etwas umbauen, verändern.
⋮☰ Man kann seine Wohnung ummodeln, indem man zum Beispiel die Möbel anders hinstellt.

Umsaddele
Die Pferde wechseln. Umschulen. Einen neuen Beruf erlernen. In einem anderen Geschäftszweig tätig werden.

Unnens
Spätnachmittags.

Unnerschtrewerscht
Chaos, Durcheinander. Das Untere nach oben wursteln.
⋮☰ Bezeichnet auch ein Eintopfgericht.

Unner
Wenn jemand einen Job gefunden hat, *isser unner.*
⋮☰ Wird auch gesagt, wenn jemand geheiratet hat. Der oder die ist dann *unner* oder *unner de Hauwe.*

Unikum
Merkwürdige Person mit schrullig-komischen Eigenarten.

Urumbel
Jemand der von seiner festgefahrenen Meinung nicht abrückt, selbst wenn die Fakten schon längst überholt sind.
Q Der Urumbel is stur wie en Pånzer.

Urvieh
Original. Traditionalist, der sich wie früher verhält.

V

Veilsche
Blaues Auge, das von einem Unfall oder einer Schlägerei
herrührt. Auch *Knallaach*.

Verärwern
Etwas durch Ungeschicklichkeit unbrauchbar und damit
zunichte machen. Auch *versaue*.

Verballhorne
Jemanden bescheißen, ihn raffiniert hinters Licht führen.
Einem eine unmögliche Geschichte auftischen.

Verblabbern
Sich versprechen, versehentlich Geheimnisse ausplaudern.

Verblembern
Zeit, Geld oder gute Gelegenheiten leichtsinnig vergeuden.

Verdonnern
Einen zu einer Strafe, Arbeit oder Aufgabe *verdonnern*.

Verdrügge
-Sich aus dem Staub machen, verschwinden.
-Sich einen Kommentar ersparen.
-Einen Furz zurückhalten.
-Eine große Portion aufessen.
Q Der kånn jå gånz schee wås vodrügge.

Verdummbeudele
Jemanden zum Narren machen, für dumm verkaufen.

Vergaggeiern
Verulken, veralbern, jemand an der Nase herumführen.

Verhädschele
Verwöhnen, übertrieben liebevoll bevorzugen.
≔ Kinder werden oft von Oma und Opa *verhädscheld*.

Verhobbasse
Etwas verpassen, einen Termin versäumen.

Verhohnebibbele
Jemanden veralbern, verhöhnen, zum Gespött machen. Heute heißt das *mobbe*.

Verhunze
→ Verärwern.

Verhutzelt
Ausgetrocknet, welk, verdorrt. → Schrumbelisch.

Verjuggse
Vergeuden, verspielen. Das ganze Vermögen *verjuggse*.
Q Der hot seu gånz Geld uff de Kerb verjuggst.

Verkalfaktern
Jemanden verraten, anzeigen, denunzieren.

Verkalkt
Dement.
≔ Früher sagte man zu dementen Personen, die sind leicht oder sogar total verkalkt.
Q Bei de Omma rieselt schon de Kalk.

Verklickern
Etwas detailliert erklären.

Verknacke
Jemanden zu einer Strafe verurteilen. → Euloche.

Verknallt
Über beide Ohren verliebt sein.
Q Der is total verknallt in des Mädsche.

Verkohle
Jemandem ein Märchen erzählen, ihm etwas weismachen, ihn raffiniert anlügen.

Verkollert
Unausgeschlafen, übermüdet. Man kann noch keinen klaren Gedanken fassen.

Verkorkst
Verfahren, kompliziert, umständlich. Eine unlösbare Situation ist völlig *verkorkst*.

Verkimmele
- Einem etwas ausführlich erklären.
- Etwas verkaufen, verscherbeln. Am besten macht man das auf dem Flohmarkt. → Verschachern.

Verkrotze
→ Verärwern.

Verkrumpelt
Verknittert, z.b. Stoff oder Papier.

Verkrümmele
Verschwinden, sich verziehen, abhauen, davonschleichen.

Vermalledeit
Verflucht, verflixt, verdammt. Das ist wie *verhext*.

Vermassele
Eine Überraschung oder eine gute Gelegenheit verderben.

Vermöwele
Jemanden verprügeln, verhauen.

Verratzt
Verschwunden, verloren. Abgeschrieben sein.

Versackbeuteln
Etwas nicht zustande kriegen und aufgeben.

:≡ Man kann auch sagen: *In de Sack haache*.

@ Versackbeuteln kommt aus dem Postdienst. Damit auch jeder Postbeamte weiß, was genau zu tun ist, gibt es folgende Verlautbarung der Deutschen Bundespost:

«In Dienstanfängerkreisen kommen immer wieder Verwechslungen der Begriffe «Wertsack», «Wertbeutel», «Versackbeutel» und «Wertpaketsack» vor. Um diesem Übel abzuhelfen ist das folgende Merkblatt dem § 49 der ADA vorzuheften. Der Wertsack ist ein Beutel, der aufgrund seiner besonderen Verwendung im Postbeförderungsdienst nicht Wertbeutel,

sondern Wertsack genannt wird, weil sein Inhalt aus mehreren Wertbeuteln besteht, die in den Wertsack nicht ver-
beutelt, sondern versackt werden. Das ändert aber nichts an
der Tatsache, dass die zur Bezeichung des Wertsackes verwendete Wertbeutelfahne auch bei einem Wertsack mit Wertbeutelfahne bezeichnet wird und nicht mit Wertsackfahne,
Wertsackbeutelfahne oder Wertbeutelsackfahne.
Sollte es sich bei der Inhaltsfeststellung eines Wertsackes
herausstellen, dass ein in einen Wertsack versackter Versackbeutel statt im Wertsack in einen der im Wertsack ver-
sackten Wertbeutel hätte versackt werden müssen, so ist die
in Frage kommende Versackstelle unverzüglich zu benach-
richtigen. Nach seiner Entleerung wird der Wertsack wieder
zum einem Beutel und ist auch bei der Beutelzählung nicht
als Sack, sondern als Beutel zu zählen.
Alles klar? Wenn Sie ausgelacht haben, sollten Sie noch ein
ein Unterrichtsblatt der Bundeswehrverwaltung kennen-
lernen: «Der Tod stellt aus versorgungsrechtlicher Sicht die
stärkste Form der Dienstunfähigkeit dar».
Und der Deutsche Lehrerverband instruiert seine Mitglieder
wie folgt: «Besteht ein Personalrat aus einer Person, erübrigt
sich die Trennung nach Geschlechtern». Bravo!

Versagge
Um die Häuser ziehen und kein Ende finden.
:≡ Zum Beispiel kann man mit Freunden bei einer Kneipen-
tour oder im Urlaub sehr schnell *versagge*.

Verschachern
Etwas geschickt verkaufen. ↦ Verscherbeln.

Verschåmmeriert
Verbeult, verkratzt, verunstaltet.

Verscherwele
↦ Verschachern. ↦ Verkimmele.

Verschidd gånge
Wenn etwas nicht mehr aufzufinden ist, verloren wurde.

Verschisse
Bei einem keinen Anklang oder kein Gehör mehr finden.
≔ *Verschisse* hat man bei bisherigen Freunden oder Arbeitskollegen, wenn man sie in einer wichtigen Angelegenheit oder Verabredung enttäuscht oder hintergangen hat.

Verschlabbe
Verbummeln, verlegen, verlieren.

Verschnaufe
Sich hinsetzen und Luft holen. Einen Moment ausruhen.

Verschwitze
Etwas vergessen oder verpassen.

Versehe
Wer versehen wird, liegt im Sterben und empfängt die letzte Ölung, das ist ein Sakrament der katholischen Kirche.
@ Früher hatte jede fromme Familie ein Versehbesteck mit Kreuz, Weihwasserschale, Kerzenhalter usw. Das war etwas unheimlich. Denn es kam ja nur im Sterbefall auf den Tisch, wenn *de Parrer* geholt wurde.

Versohle
Jemanden übers Knie ziehen, den Hintern versohlen.
→ Dåchdele. → Duwagge.

Versolleriern
Versorgen, abfertigen, abschließend behandeln.

Vertiko
Vielseitig nutzbarer, halbhoher Schrank mit zwei Türen und einer oben liegenden Schublade.

Verwåmsche
Eine Tracht Prügel verabreichen. → Versohle.

Verwerrwerrn
Alles durcheinander machen. Verwursteln.

Veschelsche
Niedliches Wort für den Penis. → Zabbedeus.

≔ Manche sagen → Schnebbes, Spätzje oder andere putzige Sachen. Penis oder Uro-Genitaltrakt sagt jedenfalls kaum einer.

Viescherei
Plagerei, strapaziöse Anstrengungen.

Vieze
Süßer, doppelter → Weck.

Vokassemaduggele
Etwas umfassend erklären. → Verklickern.

Vollends
Vollständig, komplett, alles zusammen.

Våttermörder
Steifer Stehkragen am Herrenhemd.
≔ Karl Lagerfeld hat sie wieder populär gemacht.

Vorbäusche
Ebenerdiger Anbau am Haus.
≔ Kleiner Eingangsvorbau zum Beispiel als Windfang. Der Begriff ist wohl die Verniedlichungsform von Vorbau.
Ohne *Vorbäusche* würde man *mit de Dühr ins Haus falle*.

Vorbieh
Empore in der Kirche.
≔ Wahrscheinlich kommt das Wort von Vorbühne.
@ Die *Vorbieh* war traditionell den Männern vorbehalten. Ausnahmen waren Messen, bei denen der Kirchenchor sang. Die Orgel steht ebenfalls meist auf der *Vorbieh*.
Die Geschlechtertrennung war früher auch im Kirchenschiff üblich. Erst nach den Lockerungen des Zweiten Vatikanischen Konzils trauten sich immer mehr Ehepaare, gemeinsam in den Bänken zu sitzen.

Vozeddele
Durcheinander kommen, zuviel gleichzeitig machen.

W

Wacker
- Dicker Stein.
- Mutiges, anpackendes und unverdrossenes Verhalten.
Q Der hot sisch wacker geschlâche.

Wälzer
Ein dickes Buch.
@ Die 100 Karl May Bücher waren ziemlich dicke *Wälzer*.

Wärrebodd
Widerstand, Gegenwehr.

Wärzberre
Kräuterstrauß. Kommt von der *Berre*, der Strohgarbe.
@ Für die *Werzberre* werden an Maria Himmelfahrt, also am 15. August, verschiedene Wiesenkräuter gepflückt und zum dicken Strauß gebunden. In der Mitte soll eine möglichst große Königskerze stehen, genannt die *Wille*. Im Gottesdienst wird das Bündel geweiht, damit es im kommenden Jahr das Haus vor Unglück schützt. Die *Werzberre* werden ähnlich wie die → Palmkätzjen im Dachstuhl aufgehängt.

Wäsching
Der Kopf.

Wäschlabbe
- Kleines Frotteetuch zum waschen, meist in Handschuhform. Wird auch oft für die *Katzenwäsche* benutzt.
- Angsthase, einer der sich nichts traut. Einer der bei jeder Kleinigkeit sofort *de Schwanz euzieht*.
Q Was bistn du ferren Wäschlabbe?

Waggel
Der Straßenstrich.
:≡ Prostituierte und ihre Freier gehen *uff die Waggel*.

Walachei

Trostloser, unordentlicher Ort.

@ Ursprünglich kommt der Begriff *Walachei* aus Rumänien, wo er einer historischen Landschaft den Namen gibt. Die dortigen Bürger sind die Walachen.

Alte Quellen sehen in der *Walachei* auch den Ursprung der Wallache, das sind kastrierte Pferde, Kamele oder Esel.

Walls

Auf Wanderschaft gehen, losziehen. *Uff die Walls gehe.*

≔ Der Begriff kommt von den Wanderjahren, der Walz, die vor allem Zimmerer Gesellen unternehmen. Früher war die Walz eine von den Zünften vorgeschriebene Pflicht. Nur zu Fuß unterwegs, musste man stets mindestens fünfzig Kilometer Abstand zur Heimat halten. Die Ausstattung ist Wanderstab, Schlapphut, Kluft, weißes Hemd und ein Rucksack. Zum Nachweis muss ein Wanderbuch geführt werden.

≔ Zuweilen wird das Wort auch gebraucht, wenn ein junger Mann auf Brautschau geht.

Wåmbe

Dicker Bauch, Bierbauch. → Kieze. → Ranze.

Wåmmes

Winterjacke.

@ Die kürzere Form hieß *Wammesje*. An kühlen Herbst- und Frühjahrstagen trug man einen → Üwwergångsmåntel. Im Winter kamen dann wärmere Lodenmäntel und Wintermäntel an die Reihe, die teilweise auch einen Fellkragen hatten. Wer es sich leisten konnte, trug einen Nerz.

Was heute peinlich ist und jegliches Tierschutzempfinden vermissen lässt, war früher ein absolutes Statussymbol. Mit einem Nerz gehörte man *zu de bessere Leut.*

@ Kleiner Witz am Rande. Eine Dame probiert im Pelzgeschäft einen sehr teuren Nerzmantel an und sagt dann zur Verkäuferin: Legen Sie ihn bitte für ein paar Tage zurück, bis mein Mann seinen nächsten Fehler macht.

Waschlafohr

Wasserschüssel mit Wasserkrug.

✐ Die Porzellan-Kombination stand früher im Schlafzimmer auf dem Waschtisch oder auf der Waschkommode und ersetzte das Badezimmer. Angesichts des kalten Wassers blieb es aber meistens bei einer Katzenwäsche.

Wasserblesch

Blecherner Messbecher.

✐ Ein Wasserblech hing direkt am → Wasserstå und fasste zirka einen halben Liter. Es war nicht nur ein Messbecher, sondern ersetzte auch das Trinkglas. Wer Durst hatte, trank einfach ein *Blesch* Wasser.

Wasserhäusje

Kiosk oder Trinkhalle, an dem man mit Nachbarn auch mal ein Bierchen im Stehen trinken kann.

✐ In Frankfurt gehören die Wasserhäuschen zum traditionellen Stadtbild und sind bis heute weit mehr als ein reines Kiosk. Die Trinkhallen entstanden in der zweiten Hälfte des 19. Jahrhunderts und wurden nach ihrem Gründer Adam Jöst, zunächst meistens *Jöst-Häusje* genannt. Die städtisch genehmigten Wasserhäuschen sollten durch den Wasserverkauf dazu beitragen, dass die Arbeiter verstärkt Wasser tranken und weniger Bier und Schnaps. Doch das Resultat war meist das genaue Gegenteil.

Wasserkopp

Dickkopf. → Schwelles, → Deez.

Wasserspatze

Eine Art Spätzle.

✐ Wasserspatze sind ein schnelles und sehr sättigendes Arme-Leute-Essen, das es oft werktags gab. Kleine Klumpen aus Mehlteig werden im kochenden Salzwasser gar gezogen und vor dem Servieren mit Semmelbröseln *geschmelzt*, die in Butter knusprig geröstet werden. Dazu gibt es eingemachtes Obst oder *Äbbelbrei*.

Wasserstå

Spülbecken, Ausguss.

:≡ Der Wasserstå befand sich in der Küche und war lange Zeit die einzige Wasserzapfstelle im Haus.

Wasserschiffsche

Seitlicher Wasserbehälter mit Deckel im Küchenherd.

:≡ Heißwasserbereiter und Luftbefeuchter in einem.

Watz

Dicke Person.

Weck

Brötchen. Im Fränkischen *Brödla*.

:≡ Es gibt Milchweck, kleine und große Wasserweck, Mohnweck, Kümmelweck, Zuckerweck und ➙ Vieze.

@ Heute unvorstellbar, dass 1960 der kleine Wasserweck nur fünf und der große Weck acht Pfennig gekostet hat.

Weckmähl

Semmelbrösel.

Weddern

Schimpfen, zänkisch herumschreien. ➙ Krätsche.

Wegbutze

Mit gutem Appetit eine große Portion Essen verspeisen.

Wehweh

Kleine Verletzung, kleiner Schmerz.

@ Die Erste Hilfe ist immer, erst mal Spucke drauf, d*ruff-speuze,* ➙ Speuze, oder anblasen oder kaltes Wasser über die verletzte Stelle laufen lassen.

Früher sang die Mutter oder Oma dazu: «Heile heile Gensje, es werd scho widder gut, es Kätzje hot e Schwänzje, es werd scho widder gut. Heile heile Mausespeck, in hunnert Jåhr is alles weg». Dann war der Schmerz bei den Kindern sofort wie weggeblasen.

Die Leute auf dem Land pinkelten früher sogar auf kleinere Verletzungen, da der Urin keimfrei sein soll und deshalb eine offene Wunde sterilisieren kann. Carmen Thomas und Jean Pütz haben zu dem Thema in den Neunziger Jahren für die «WDR Hobbythek» ein Buch herausgegeben: «Ein ganz besonderer Saft. Urin, die Hausapotheke des Körpers».

Weibsbild
Gestandene Frau. ➻ Frauenzimmer.

⁝≣ Im Gegensatz zum Mannsbild, hat das Wort Weibsbild meistens einen etwas abwertenden Beigeschmack.

Weiländ
Damals, vor einer ganz schönen Weile, vor langer Zeit.

Wellchesdåch
Frånkförder Feiertag, immer dienstags nach Pfingsten. Geschäfte, Betriebe und Büros werden geschlossen und die Leute gehen scharenweise zum feiern *naus ins Wäldche*.

Weiwersprung
Sprung ins Wasser.

@ Den Weibersprung, der als absolut unmännlich und wasserscheu gilt, macht man im Schwimmbad vom Ein- oder Dreimeter Brett. Er ist das Gegenteil vom sportlichen ➻ Köpper. Beim Weiwersprung bleibt der Körper steif und aufrecht wie eine Statue, mit einer Hand wird die Nase zugehalten. Wenn ein Junge den Weibersprung riskiert, wird er von seinen Freunden meistens als ➻ Memme ausgelacht.

Welle
-Zusammengebundener Haufen Reisig.

⁝≣ Das Reisig für die *Welle* wurde im Wald gesammelt oder fiel beim Obstbaumschnitt an. Schön getrocknet war das Holz ideal zum Feuer anmachen. Wenn montags der Waschkessel angeheizt wurde, verfeuerte man ebenfalls meistens eine *Welle*.

-Jugendwort. Die Welle machen, für Aufsehen sorgen.

Welsche
Undeutlich sprechen.

Welscherholz
- Rundholz oder Nudelholz, mit dem der Teig ausgerollt wird.
- Legendäres Schlagwerkzeug, neben Kochlöffel oder Teppichklopfer, mit dem Frauen angeblich ihre spät und betrunken heimkehrenden Männer an der Haustüre in Empfang nehmen.

Welschern
Sich winden, drehen, in etwas suhlen.

Q Håste dich widder im Dreck gewelschert?

Weltgeschichte
Synonym für die weite Welt.

Q Der treibt sich in de gånz Weltgeschichte rum.

Werredei
Chaos, Unordnung. Unaufgeräumtes Anwesen.

Wetze
- Mit einem Wetzstein eine Messerklinge schärfen.
- Schnell rennen.
- Stark strapazierte Hosen sind *åbgewetzt* und glänzen.
- *Es Maul wetze.* Das sagt man einem nach, der stets schnell und meist ungefragt seinen *Senf dezu gewwe* muss.

Widdfra, Widdmånn
Witwe oder Witwer.

@ Früher wurde im Absenderfeld von Briefen dem Namen noch das Kürzel Wwe. hinzugefügt. Das stand für Witwe oder Witwer. Ein dezentes Signal für manchen Single-Briefträger, sich Hoffnungen zu machen.

Wienern
Putzen, polieren.

Wiggele
Übers Knie ziehen. Eine Tracht Prügel verpassen. Manchmal auch *walke*. ➙ Duwagge. ➙ Dåchdele.

Wille
Königskerze. ➙ Wärzberre.

Windisch
Unsolide, oft betrügerisch, halbseiden, undurchschaubar.

Winnelwaasch
Wenn einem so richtig der Hintern versohlt wird, dann wird man *winnelwaasch geschläche*.

Winkeladvokat
Trickreicher, mit allen Wasser gewaschener Rechtsanwalt.

Winkelmann
Ehemaliges Kaufhaus in Aschaffenburg.

⊘ Franz H. Winkelmann eröffnete in Aschaffenburg das erste Kaufhaus. Es stand mitten in der damals noch für Autos und Pferdekutschen befahrbaren *Herrschelgass*. Zunächst als reines Haus der Mode eröffnet, wurde das Sortiment schon bald zeitgemäß ausgeweitet. Im Internet kann man immer noch die bunten Winkelmann Spielzeug Kataloge von Weihnachten 1956 finden. Die werden heute bei Ebay sehr teuer versteigert.

Das im Krieg stark zerstörte Kaufhaus ging 1949 an die Kaufhof AG über, die 1959 auch den Namen wechselte. Als der Kaufhof 1974 in die City Galerie, die → Siddi, umzog, übernahmen die Buchhandlung Pattloch und ein Lebensmittelgeschäft das Erdgeschoss. Heute ist das Gebäude modernisiert und beherbergt das Modekaufhaus P&C.

Am Scharfeck, am unteren Ende der *Herrschelgass*, wo die Steingasse abzweigt, war das zweite Aschaffenburger Kaufhaus, gegründet von den Gebrüdern Berhard. Die zogen 1974 unglücklicherweise auch in die Citygalerie um, heute Drogerie Müller, konnte sich dort aber neben Galeria Kaufhof, Neckermann und C&A nicht behaupten. In der Fußgängerzone hingegen vermisste man ein Warenhaus.

Wisch
Schriftstück, Zettel, Formular. → Schrieb. → Giftzeddel.

≔ Das Schulzeugnis, der blaue Brief oder ein Bußgeldbescheid sind auch ein Wisch.

Witzbeudel
Eingebildeter Kerl, der glaubt besonders schlau zu sein.
Q Des is vielleischt en Witzbeudel.

Wix
- Schläge. Man bekommt seine *Wix*.
- Schuhcreme, Schuhwichs.
- Festtagsbekleidung → Sonntagsstaat.
- Ausgehuniform von Studentenverbindungen, Soldaten und Feuerwehrleuten.
Q Der hot sich gånz schee in die Wix geschmisse.

Worscht
- Alles was *scheißegal* ist, *is worscht*.
- Wenns um die *Worscht* geht, geht es am Ende um Alles.

Wörzelberschte
Grobe Scheuerbürste aus Holz mit dicken Naturborsten.
≔ Damit wurde meistens auch *de Buggel geschrubbt*, wenn am Samstag in der → Prenke gebadet wurde.

Wubbdisch
Alles was mit Schwung gemacht wird, hat *Wubbdisch*. Besondere Schlaumeier sprechen von der *Wubbdizidäd*.

Wullewack
Ente, vor allem in der Kindersprache.

Wullewatz
Dickes Kind.

Wuschisch
- Aufgeregt, nervös, durch den Wind.
- Erotisch angeregt, heiß auf Sex.

Wutz
Hausschwein. Ein junges Ferkel ist ein *Wutzje*.

Wuust
Durcheinander, ungeordnete Strukturen. → Walachei.
Q Dass du disch in deum gånze Wuust noch auskennst.

Z

Zabbe

-Angst.

Q Dem geht gånz schee de Zabbe.

-Schluss, Kassenschluss, Sperrstunde. → Zabbeduster.

:≡ Leitet sich vom militärischen Zapfenstreich ab. Wer trotzdem zu spät kommt oder geht, *hääscht üwwer de Zabbe.*

Q So Leut, Schluss, jetzt is zappe.

Zabbedeus

Penis. → Veschelsche.

Zabbeduster

Stockdunkel.

:≡ Nächte ohne Mondschein.

Wenn im Haus die Sicherungen rausfliegen, ist es *zabbeduster.* Oder wenn zur Sperrstunde das Licht ausgeht, dann ist es nicht nur *zabbeduster,* dann ist auch → Zabbe.

Zabbelfilipp

Unruhiges, oft unkonzentriertes, umtriebiges Kind.

:≡ Heute kriegen sie leider viel zu schnell Ritalin.

Zadiern

Mit ziehender Stimme herumstreiten, genervt debattieren, meckern, mosern.

Zägge

Dürres Nadelgehölz, Nadelreisig.

Zaggern

- Einen Acker umpflügen.

- Eine Sache angestrengt durcharbeiten.

- Streitige Debatten führen.

Zairisch

Zairisches Obst ist reif für die Ernte.

Zåmmedaafe
Jemanden beschimpfen, mit allen möglichen Spottnamen und mit bösen Schimpfwörtern belegen.

Zåmmeläude
Glockenläuten.

:≡ Das Wort kommt vom gleichzeitigen Läuten aller Kirchenglocken. Das ist nur vor dem Gottesdienst oder bei besonderen Anlässen vorgesehen. Bei der gelungenen Papstwahl zum Beispiel, oder wenn «Großer Gott wir loben Dich» angestimmt wird.

Zåmmepetze
Etwas kräftig zusammendrücken.

:≡ Wer schwierige Situationen lösen muss, dem sagt man:
Q Do musste halt emol de Aasch zåmmepetze.

Zåmmesagge
Menschen oder Sachen, die zusammenbrechen, umfallen.

:≡ Ein Kuchen *saggt ned zåmme*, sondern *fällt zåmme*.

Zehner
Frühere Zehn-Pfennig Münze. Heute zehn Cent.

Zemme
Beben, erschüttern.

Zerrkus
Durcheinander, Lärm, Tohuwabohu, Auseinandersetzung.
Q Wås sollen jetzt der ganze Zerrkus bringe?

Zielwasser
Nicht definiertes Getränk, eher symbolisch zu verstehen.

:≡ Wenn Sportler beim werfen, kicken oder schießen nicht gleich ins Ziel treffen, dann rufen die Zuschauer:
Q Trink erst emol Zielwasser!

Zigga
Wer eine *Zigga* bekommt, erhält von seinem Vorgesetzten einen *Anschiss*, eine deutliche Ermahnung oder sogar einen strengen Verweis.

Zigge

-Widerspenstiges, zickiges, überdrehtes → Frauenzimmer.

-Widerspenstig sein, *rumzicke*, Schwierigkeiten machen.

Zimberliesje

Unentschlossene, zimperliche, empfindliche Frau. Mimose.

Zinke

Große Nase.

Zinnower

Theater machen, für Unruhe sorgen. → Zerrkus.

💬 Des is vielleicht ein Zinnower hier.

Zobbe

-Kleine Fädchen ziehen.

-Das Tanzgeld einkassieren.

Zobbele

An etwas oder an jemandem herumzupfen.

Zöfl

Aschaffenburger Original mit Vollbart, Hut und Geige.

✏ Ernst Zöphel, studierter Violinist, spielte jeden Tag in der *Herschelgass*. Weil er vom Kriegseinsatz in Polen desser-
tierte, landete er in Berlin im Irrenhaus, anschließend in
einem Straflager in Frankreich. Diese Erfahrungen hatten
für ihn psychische Folgen. Zurück in *Aschebersch*, begann
er ein Vagabunden Leben als Musikant. Manche hielten ihn
für leicht verrückt, entsprechend viele Anekdoten sind über
den *Zöfl* im Umlauf. Als ihm wegen Diabetes ein Bein am-
putiert wurde, verkaufte er die Geige. 2001 starb er 87-jäh-
rig. Er fand auf dem Altstadtfriedhof die letzte Ruhe.

Zoggele

Langsam fahren. Angeblich typisch für Hanauer und Offenbacher Kahlgrundbesucher.

Zores

-Sittenlose Gesellschaft.

-Streit, heiloses Durcheinander.

Zornickel

Aufbrausender, zorniger, wütender Mensch. → Jass.

Zottel

Mensch mit wilder Frisur, Beatle, Gammler. → Madde.

Zucker

Super, klasse, geil.

@ Zucker war in den Fünfziger und Sechziger Jahren ein Synonym für alles, was die Jugend von heute als geil bezeichnen würde. Vor allem schöne Mädchen waren *Zucker*. Bill Ramsey sang 1961 von der «Zuckerpuppe aus der Bauchtanzgruppe». Das Lied war natürlich auch *Zucker*.

Zuckerbrot

Triefend nasse Scheibe Brot, dick mit Zucker bestreut.

@ Zucker galt früher als Hirn-Nahrung. Um gescheit zu werden, sollte man einfach viel Zucker essen. Das gelang besonders gut mit den dicken Zuckerbroten, die viele Kinder nachmittags verschlangen. Wenn einer in der Schule gut war oder gar das Abitur machte, sagten die Leute oft:
Kå Wunner, der håt jå aach viel Zuckerbrot gesse.
Dass die oft sehr schlechten Kinderzähne auch vom vielen Zucker kommen könnten, darüber dachte höchstens der Zahnarzt nach. Man nahm es früher ja auch mit dem Zähneputzen noch nicht so genau.

Zudde

Ausgießer an einer Kaffee- oder Gießkanne.

⦂≡ Ein *Drobbefenger* war obligatorisch und hielt die Tischdecke sauber. Stofftischdecken waren trotzdem stets noch mit einer Plastikfolie überdeckt. Oder man nahm gleich eine *Wåchsduch* Tischdecke. Die gab es meterweise.

Zuggele

Mit einem Motor-Gefährt nur stotternd vorankommen.

Zullkopp

Ungekämmte Frisur. *Zoddelkopp.* → Struwwelkopp.

Zumbel
Ungepflegtes → Frauenzimmer.

Zureschtmache
-Etwas vorbereiten, zusammenstellen, ordnen.
-Sich schön anziehen, schminken, adrett frisieren.

Zuschustern
Jemandem etwas zukommen lassen, etwas für andere organisieren, jemanden heimlich subventionieren.

Zwazzele
Ungeduldig auf etwas warten. Übernervös sein.

Zwickmiehl
Schwierige, oft aussichtlose Situation.
≔ Wenn jede Entscheidung deutliche Nachteile bringt, muss man sich zwischen *Pest und Cholera* entscheiden.

Zwiwwele
Verhauen, übers Knie ziehen. → Dåchteln. → Duwagge.

Zwiwwelschludde
Zwiebelschalen.

Zwitschern
-Mit Freunden einen trinken gehen.
-Ein Geheimnis ausplaudern.

Zwoggel
-Kleiner Junge, → Steppsel.
-Zwille.
≔ Selbst gebastelte Steinschleuder, bestehend aus einer Astgabel und einem Einmachgummi.
@ Mit dem *Zwoggel* schossen die Buben nicht nur nach den Spatzen. Der *Zwoggel* wurde auch beim *Båndekriesch* benutzt, um Gegner außer Gefecht zu setzen. Als Geschosse dienten Steinchen, Metallkrampen oder eng und daumengroß gefaltete Papierkrampen. Ein gefährliches Abenteuer.

Spitznamen.

Die Bürger fast aller Städte und Gemeinden werden von ihren Nachbarn mit fantasievollen Spitznamen bedacht. Teils liebevoll und amüsant, teils schnippisch und spöttisch. Nicht selten aber auch richtig boshaft.

Auffällig häufig taucht in der weiteren Umgebung der Spitzname *Kräcke* auf, der überall die Krähen meint. Außerdem haben wir etliche *Sándhase*, ein Wort das die Kahler so gerne für sich alleine beansprucht hätten. Und auch *bei de Zischeuner* kommen wir öfter vorbei.

Hier folgt nun eine auf jeden Fall ausbaufähige Sammlung beliebter und allzuoft auch ungeliebter Bezeichnungen, mit kurzen Informationen, wie es wahrscheinlich zu den Spitznamen gekommen ist. Denn es kursieren hier und da auch abweichende Interpretationen. Unterstützung hatte ich für dieses Kapitel von Kreisheimatpfleger Michael Rosner, dem ich an dieser Stelle herzlich danke.

Für mehrere Orte konnte ich die Spitznamen leider nicht in Erfahrung bringen, bei anderen Orten fehlt noch die Erklärung des Wort-Ursprungs. Falls Sie hier mehr wissen als ich und weitere Scherznamen, Bedeutungen oder Einzelheiten kennen, verwenden Sie einfach die beiligende Postkarte, oder senden Sie eine E-Mail an: woerter@babbelned.de

Altenmittlau
Madde

Alzenau
Plasterschisser

Der Spottname entstand wohl in den neidischen Nachbarorten, deren Straßen früher noch nicht hergerichtet waren. Die Alzenauer hingegen konnten schon sehr früh auf ihren bereits gepflasterten Straßen tanzen. Dazu passt auch das Lied: *In Alzenau, da ist der Himmel blau, da tanzt der Ziegenbock mit seiner Frau.* Das gleiche Lied ist übrigens auch für Obernau im Umlauf. Und sogar für Zwickau.

Es gibt auch die Erklärung, dass die Alzenauer früher ihr *Nachtdibbsche* direkt auf der Straße ausgeleert haben.

Albstadt
Waasbauern

Auf den Feldern wurde vorwiegend Weizen angebaut. Mit der Bezeichnung wollte man auf die örtliche Wohlhabenheit und den ertragreichen Ackerboden hinweisen.

Alzenau/Hörstein
Wedschisser

Brunnen- oder Weiherscheißer. Wed war in der alten Sprache der Weiher. Konkret geht es wohl um einen Bach der früher durch den Mühlgraben und die Weitgasse floss.

Alzenau/Kälberau
Backofedrescher

Alzenau/Michelbach
Puhlhåffe

Bezieht sich wohl auf die *Puhlschebber*, also die Eimer, mit denen die Jauche aus den *Puhllöchern* geschöpft wurde.

Alzenau/Wasserlos
Milchsuppe

Aschaffenburg
Maulaffe

Der Maulaff ist eine geschnitze Figur in Spessarttracht. Sie diente im Park Schönbusch der Volksbelustigung. In das weit offene Maul konnte man Murmeln werfen. Der Maulaff wechselte später in die damals noch ummauerte Stadt in den Löhergraben. Heute steht die Figur im Schlossmuseum.

Kumbeer
So wurden die Aschaffenburger Fischer genannt, die im Main fischten und im Fischerviertel wohnten.

Aschaffenburg/Damm
Hutsche

Aschaffenburg/Gailbach
Rehböck

Aschaffenburg/Leider
Schissmelle

Aschaffenburg/Obernau
Gackel
Schlöt

Aschaffenburg/Schweinheim
Kammerbauern
Häfen

Babenhausen
Såndhåse
Duddeblätscher

Blankenbach
Hähmännchen
Durch den Meineid eines Kleinblankenbachers ist ein Grundstück zu unrecht an Großblankenbach überschrieben worden. Der Sage nach findet nun der Meineidige keine Ruhe und geistert nachts im Dickbusch herum, so hieß nämlich das übertragene Grundstück. Dort erschreckt er Leute mit dem Ruf *Hä-Hä-Hobb*.

Breunsberg
Esel

Mit dem Tiervergleich wollte man auf die angebliche Sturheit der Breunsberger anspielen.

Dammbach
Hutzelgründer

Dettingen
Stehkräsche

Weil Dettingen eine Bahnstation hatte, schafften entsprechend viele Männer bei der Bahn. Ein sicherer Job, mit verlockender Pension. Die *Eisebähner* trugen Uniform, zu der auch Hemden mit gebügelten und steif gestärkten Krägen gehörten. Da die Dettinger zudem den Kopf etwas höher trugen als der Rest der Welt, wurde der Stehkragen zum Spitznamen. Und im Ort sagte man: *Biste bei de Eisebōō, kånnste ach meu Dochder hōō.*

Dornau
Gaggl

Dudenhofen
Sandhase

Ebersbach
Laameritscher

Wegen der lehmreichen Ackerböden heißen die Ebersbacher Lehmrutscher.

Eichelsbach
Höhbauern

Eichenberg
Nölle oder Kråke

Gemeint sind Krähen. Hier ist der passemde Spottvers: *Eischebeijer Nölle, laafe uff zwaa Stelle, laafe uff zwaa Stegge, könne uns am Arsch gelegge.*

Eisenbach
Zicke Zacke Digge Dagge

Elsenfeld
Sandhase

Erneut treffen wir auf Sandhasen, die in der sandigen Gegend zuhause sind. Mein Vater war Elsenfelder. Als er 1948 nach Kahl heiratete, konnte er seinen Spitznamen behalten. Er ist sozusagen als *Såndhås zu de Såndhåse* gezogen.

Eppertshausen
Häfner
Das Wort kommt von Töpferberuf. Bis ins 17. Jahrhundert wurde in der Rodgauer Gegend Ton gegraben, aus denen Töpfe, *Häffe*, Krüge, Schüsseln und Teller gemacht wurden. Als *erdenes Gescherr* wurde es dann in Frankfurt auf der *Dibbemess*, aber auch im Spessart und im Vogelsberg und selbst bis nach Holland und an den Bodensee verkauft.

Erlenbach
Sandhasen, genauso wie ihre Elsenfelder Nachbarn.

Feldkahl
Blopiffer
Die Feldkahler pfeifen angeblich stets schrill und verkehrt. Musikalisch heißt *blau* ja falsch, also keinen Ton treffend.

Geiselbach
Hochseicher
Das sind Männer, die gern im hohen Bogen pinkeln. Damit wollte man sagen, dass die Geiselbacher schon immer hoch hinaus wollten und als Angeber gelten.

Dreidörfernarrn
Als sich Geiselbach bei der Gebietsreform *wie narrisch* um die Eingemeindung von Hofstädten und Omersbach stritt, kam der Schimpfname auf. Am Ende konnten sie nur Omersbach einkassieren.
Spottvers: *Die Dreidörfer Narrn, stehen auf drei Sparrn.*

Gelnhausen
Schubkärnschiewer
In den sehr steilen Gassen der Gelnhäuser Altstadt war früher der Schubkarren das einzig praktikable Transportmittel. Mit einem Fuhrwerk ist man nicht weit gekommen.

Glattbach

Bäbsch

Der *Gläwischer Bäbsch* ist der 1828 geborene Anton Hein, der von den Leuten so gut es ging durchgebracht wurde, weil er selbst nichts hatte. Bei einem Hagelsturm wäre er fast umgekommen, wurde aber wie durch ein Wunder gerettet.

Keesmaddesäck

Man erzählt sich, dass für den Innenputz des Aschaffenburger Schlosses viel Quark, also *Keesmadde* gebraucht wurde. Ein Großteil davon kam aus Glattbach, wo die Buttermilch überall zum Abtropfen an der Dachtraufe hing.

Nann

Der Name leitet sich von einer Anna ab, die *Nånne* gerufen wurde. Sie hatte an ihrem Anwesen mitten im Ort einen Brunnen, den sogenannten *Nånnebrunne*.

Goldbach

Schnäl

Nedeljen

Hergeleitet von kleinen Nadeln, dürfte die Benennung auf die vielen Heimschneidereien zurückgehen, die es in Goldbach, aber im Raum Aschaffenburg insgesamt gab.

Gall-Löcher

Gemeint sind angeblich die Schalllöcher am Kirchturm.

Großwelzheim

Håbärt

Großostheim

Grohbirn

Die grau-braunen Graubirnen sind erst gegen Weihnachten genießbar. Die *Grohbirnbäum* waren rund um Großostheim sehr verbreitet.

Grobostheimer

Den Großostheimern wird auch großes Selbstvertrauen nachgesagt. Das war schon den Franzosen im Napoleonischen

Krieg aufgefallen. Der kommandierende Hauptmann schrieb damals: «Jetzt weiß ich, warum man die Ostheimer allenthalben die Grobostheimer nennet». Er hatte sich nämlich mit Gewalt Einlass zu den Quartieren verschaffen müssen. Noch mehr unter → Pflaumheim.

Großwallstadt
Maddeblōōz
Bohnesägg

Grünmorsbach
Zischeuner
Krogge

Haibach
Wellekipper
Die Haibacher sollen früher ihr Holz bündelweise auf dem Kopf heimgetragen oder mit Handwägen aus dem Wald geschafft haben. *Welle* sind das zusammengebundene Oberholz der Obst- und Forstbäume. In Gemeinderechnungen von 1765 steht: «Die Gemeinde zahlt for Brichell und Wellenmacher Lohn 1fl 8xr».

Hain
Hoer Kråke
Krähen.

Hanau
Hånauer Gälweriewe
In den Hanauer Gärten wurden früher Karotten, also Gelbe Rüben angebaut und meist nach Frankfurt und Offenbach geliefert. Die Großstädter tauften deshalb die fleißigen Gärtner *Gälweriewe*. Bis heute erinnert der Karnevalsverein «Die lustische Gehleriebe» an den Spitznamen.

Hausen
Blattköpp

Heigenbrücken
Köhlschaber

Den Spottnamen haben sich die Heigenbrücker in den Fünfziger Jahren eingefangen, als sie miserabel gegen ihren Erz-
rivalen Heinrichsthal Fußball kickten. Der Kommentar der
Gegner folgte auf den Fuß: *Ihr spielt wie die Köhlschåwer.*

Heimbuchenthal
Zworeiher

Heinrichsthal
Hötterer

Der Name kommt von den zahlreichen Glashütten, die es
früher überall im Spessart gab und Arbeitsplätze schafften.
Die Hüttenarbeiter nannte man *Hötterer.*

Hemsbach
Heidelbeern

Hösbach
Braatmäuler

Der Spitzname soll auf die angeblich breit gezogenen Mundwinkel der Hösbacher hinweisen, mit denen sie sogar eine
Mundharmonika quer in den Mund nehmen können. Das
Maul sei so breit, dass ein langer Baumstamm für die Fer-
tigung einer Mundharmonika notwendig ist.

Hofstädten
Reisehånsåms

Hofstetten
Russe

Horbach
Zischeuner

Huckelheim
Lumbe

Jakobsthal
Hubese
Knöpphötter

Auch hier geht es um die Spessarter Glashütten. Irrtümlich
meinen viele, dass Glasknöpfe für die Kleiderfabriken zu

dem Spitznamen geführt haben. Richtig ist aber etwas anderes. Früher wurde meist mit den Händen gegessen, entsprechend fettig waren die Finger. Damit die Trinkgläser nicht aus der Hand rutschten, hatten sie kleine Noppen, die *Knöpp*. Solche Gläser waren typisch für Jakobsthal.

Johannesberg
Puhlsiffer
Vermutlich ist der Name wegen der Hochlage von Johannesberg entstanden, wo nicht nur die Bäche sondern auch die Abwässer, also der *Puhl*, bergab flossen. Es ist dazu ein Vers im Umlauf: *Johannesberger Pulsiffer, Afferbich de Deckel driwwer.*

Kahl
Sandhåse
Kahl ist ein sandreiches Gebiet. Die Kahler Seenplatte ist durch den Braunkohle- und Sandabbau entstanden. Hier tummelte sich der kleine Ameisenlöwe, der im Volksmund *Såndhås* heißt. Weil der Krabbler so winzig ist, explodierte er im Kahler Wappen zum langlöffeligen Feldhasen. Ein Exemplar steht in Sandstein gehauen dominant im Ort. In den ersten Entwürfen für das Ortswappen sprang der Hase übrigens noch abwärts. Da die Kahler zu wissen glauben, wie der Hase läuft, drehten sie ihn einfach um.

Keilberg
Hawwernstrübber
Abgeleitet vom Hafer, der von den Halmen abgestreift wird. Das konnte man im Vorbeigehen machen, die Körner landeten in den Hosentaschen und waren gut um Hühner anzulocken. Das weist auf die frühere Armut und den Feld- und Hühnerdiebstahl hin.

Pennischfuchser
Kallbäischer gelten als überaus sparsam.

Kleinostheim
Groubern

Weil hier sehr viele Graubirnbäume standen, gibt es im Sommer das Groubern-Fest. Mehr dazu auch unter Großostheim, wo man die Früchte aber *Grobirn* ausspricht.

Kleinwallstadt
Polacken
Määbrunzer

Kleinwelzheim
Bloopiffer
Ahnlich gemeint wie bei → Feldkahl. Allerdings gibt es hier noch ein freches Gedicht dazu: *Die Gläwällzemer Bolagge, fresse die Eier ohne gebacke. Die fresse se ohne Schåle, die Großwällzemer misse bezåhle.*

Krombach
Kibitze
Nasshunkel

Laufach
Ein Spitzname ist nicht bekannt, aber es wird sehr oft mit dem Dialekt gewitzelt: *Hie un zurick laaf isch, was isch ned tråche kånn, schlaaf isch.* Auf diesem Dialekt beruht auch der Witz, als jemand am Aschaffenburger Hauptbahnhof eine Fahrkarte kaufen wollte: *Hie und zurick Laafisch.* Der verdutzte Bahnbeamte antwortet: *Dånn is jå gut.*

Leidersbach
Hutzelgrünner
Bäsebinner
Sacko Valley oder Sacko Canyon
Die beiden letzten Begriffe beziehen sich auf die vielen Kleiderfabriken und Heimschneidereien, die seit Generationen vor allem Herrenbekleidung herstellen.

Mainaschaff
Såndhåse
Anders als bei den Kahlern kommt der Name von richtigen Hasen, die sich am Strand des Mainparksees tummeln.

Mespelbrunn
Neudorfer
Krachköize
Das sind Männer mit fettem Bierbauch, die Streit suchen,
wenn sie betrunken sind.

Mömbris
Bäsem

Mömbris/Brücken
Worschtbrieh
Es wird erzählt, dass ein *Brögger* Bauer sein Kind mit
Worschtbrieh getauft haben soll.

Mömbris/Daxberg
Daxe
Vermutlich vom Dachs abgeleitet. Und vom Dachs kam auch
der Name es ehemaligen Hotels Daxbaude.

Placke
Kuhfladen. Warum der Name gerade die Daxberger traf,
erklärt auch ein Gedicht nicht, das hier kursiert. Schräg ist
es dennoch: *In Kuhdreck gebacke, mit Kleie gemengt, in
Schönnstå gehengt, röbb gerisse und druff geschisse.*

Mömbris/Dörnsteinbach
Ölekrüggchen
Leitet sich von den Öllampen ab, die vor der Elektrifizierung
überall als Lichtquelle dienten. Warum der Spitzname gerade die Dörnsteinbacher tituliert, ist nicht zu klären, denn
die Lampen gab es ja überall.

Mömbris/Gunzenbach
Hutzelgründer
Durch die vielen Streuobstwiesen hatte man Obst in Men-
gen, das aber im Keller über den Winter hinweg verhutzelte.
Das übertrug man dann auf die Hutzelgründer.

Mömbris/Hohl
Bäsemschweizer

In vielen Haushalten wurden Reisigbesen gebunden, die dann in der Gegend verkauft wurden. Den Zusatz *Schweizer* bekamen die Hohler, weil ihr Ort relativ hoch gelegen ist.

Mömbris/Königshofen

Kuckuck

Ähnlich dem Kuckuck, sollen die Königshöfer ihre *Eier* gern in fremde Nester gelegt haben.

Mömbris/Mensengesäß

Heckegedecker

Ausgesprochener Spottname, der sich natürlich auf das (Mensen)Gesäß bezieht. Hier ist das Gedicht: *Mensengesäßer Heckegedecker, greife in de Örsch un fänge die Knägger.*

Mömbris/Niedersteinbach

Lumbe

Mömbris/Reichenbach

Håse

Die schnelle Vermehrung und der flinke Sex der Hasen, wurde früher auch den Reichenbachern angedichtet.

Mömbris/Rothengrund

Hutzelgrinner

Gleichlautend wie Gunzenbach.

Mömbris/Schimborn

Wanze

Mömlingen

Spitzeklinge

Klåmmhörnschen

Ståmber

Den Mömlingern wird nachgesagt, dass sie vom vielen Kartoffelstampfen ganz dicke Beine haben, *Ståmber* eben.

Tiroler

Der Spitzname Tiroler hängt mit den vielen sangesfreudigen Männern und Frauen zusammen, die in Mömlingen anzutreffen sind. Denn in früheren Jahren haben sich viele Tiroler in Mömlingen angesiedelt. Und die Leute aus den Bergen brachten eben ein großes Gesangstalent mit. So gab es zeitweise bis zu fünf Männerchöre.

Neuses
Brieh

Niedernberg
Honischer
Das Wort kommt nicht von Honig, wie manche denken mögen, sondern wie die Leute hier *habe ich* aussprechen, nämlich *hon isch*. Daher kommt auch die Bezeichnung für ihren *Honisch Beach* Badesee.
Die Niedernberger singen auch gerne: *Mir Honischer, mir sån die schenste Leit ...*

Blechkatze
Gemeint ist damit ein in Niedernberg erfundenes und erprobtes Gerät zum Ausräuchern von Wühlmäusen.

Oberafferbach
Häre
Häre sind Eichelhäher, die angeblich besonders häufig an der Oberafferbacher Waldabteilung *Arbel* nisten.

Oberbessenbach
Viereckische
Wellekipper
Ähnlich zu deuten wie die Holzbinder von → Haibach.

Obernburg
Stådtbauern
Hånndumme
Dieser Spitzname kommt von der oft verwendeten Männer-Vornamen-Kombination Johann-Thomas.

Offenbach
Messerstecher

Omersbach
Kappestricker

Pflaumheim

Pione

Öschlescher

In Pflaumheim sagt man zum Hintern *Ōsch*, in den benachbarten Bachgaugemeinden *Āsch*. Wegen des winzigen lautmalerischen Unterschieds, kam es zum Spottnamen. Zudem pflegen die *Ploimer* eine innige Neckliebe zu den angrenzenden *Äistemern*. Ihre fiktive Überlegenheit findet in folgender Weisheit ihren Niederschlag: Ein *Aistemer* wird ganz schnell zum *Ploimer*. Umgedreht ist das unvorstellbar.

Rodenbach

Krummbeern

Rossbach

Backschisselärsch

Seperadiste

Dieser Spitzname ist relativ neu und so entstanden: Nachdem sich die Feuerwehren von Ebersbach, Leidersbach und Rossbach zur Stützpunktfeuerwehr vereint hatten, waren die Rossbacher über den zentralen Standort in Leidersbach nicht sonderlich erfreut. Weil sich die *Seperadiste* gern ein eigenes Süppchen kochen, nehmen sie, bildlich gesprochen, abends ihr Feuerwehrauto mit nachhause.

Rothenbuch

Schnaal

Der Spitzname stammt von der Langsamkeit der *Schnaal*, hier mit langem A gesprochen, der Schnecken, die man auch bei den Leuten aus Rothenbuch beobachtet haben will.

Rottenberg

Kroake

Rück

Krummbirndricker

Rückersbach

Fläik, Flöh

Sailauf
Wasserköpp
Ein Schimpfname, den man vermutlich vom Bach abgeleitet hat, der durch den Ort fließt.

Schafheim
Wasserköpp
Früher sagte man den Schafheimern nach, das sie sich häufig innerhalb der Blutsfamilie weiter verehelichen. Die Folge seien dann Missbildungen gewesen, zum Beispiel übergroße Dickschädel. Daraus wurden die *Scheffemer Wasserkepp*.

Schmerlenbach
Klostergeister
Kuttebrunser
Zwei Spottnamen, die in Anspielung auf das Schmerlenbacher Kloster und die dort lebenden Mönche entstanden sind.

Schöllkrippen
Pasquille
Das Wort bedeutet Sprücheklopfer und Schmähschrift. Das soll zu den Schöllkripper passen, weil sie gerne Sprüche klopfen. Der Name kommt von Pasquillino, einem römischen Schuster, der Spottverse über Papst Alexander VI. an römische Stadtbrunnen heftete.

In Schöllkrippen gründete sich etwa 1900 eine «Club-Gesellschaft» aus Beamten, Ärzten, Apothekern und Kaufleuten. Die trafen sich in einem Herrenzimmer und verfassten Spottgedichte. Die wurden ab 1907 im «Heimatbote» unter der Überschrift «Hansjörg vom Spessart» gedruckt.

Seligenstadt
Schlumber
Durch die legendären Rosenmontagsumzüge kennt jeder in der Region das *Schlumberland*. Der Begriff kommt von den Lastkähnen, den sogenannten *Schlumbern*, mit denen früher der Gütertransport am Main erledigt wurde. Die Lastkähne wurden in Ufernähe *gedreidelt*, gezogen.

Ursprünglich hatte nur das Kloster das Recht, Güter und Menschen am und über den Main zu transportieren. 1803 ging das Fährrecht an das Großherzogtum Hessen über. 1868 übernahm die Stadt die Privilegien für 4.000 Gulden. Früher hieß das *Sellestädter Fährboot* «Newe» und wurde erst 1955 durch eine freifahrende, Motorfähre ersetzt.

Soden
Säirä Griene
Nosterer

Somborn
Klobber

Steinbach
Låhmeärsch
Låhmeärsch ist die Mehrzahl von Lehmarsch, abgeleitet vom überall vorzufindenden Lehmboden. Aus dem Lehm wurden auf dem Vorplatz der heutigen Kirche «Verklärung Christi» *Russen* produziert, das sind gebrannte Backsteine,

Stockstadt
Zischeuner
Stockstadt hatte nach dem Dreißigjährigen Krieg viele wallonische Einwanderer. Die dunklen Haare und die frühere Armut gaben den Stockstädtern ihren Spottnamen.

Straßbessenbach
Krummbärnbleeser
Heiße Kartoffeln werden solange angeblasen, bis man sie essen kann, ohne sich die Zunge zu verbrennen. Anscheinend waren die *Streeser* hier besonders geschickt, wenn es abends *Krummbärn* mit Dickmilch gab.

Sulzbach
Määmuschel
Schlöt

Unterafferbach
Schnääl

Traf man früher einen Unterafferbacher bei Regenwetter, so wurde er mit dem Satz geneckt: *Heut laafe se wirre, die Schnääl!* Unterafferbacher, die aus Goldbach stammen, werden seit der Eingemeindung *Goldschnäl* genannt. Und diesen Spottvers gibt es auch noch: *Mir sann babbisch, mir sann gääl, mir sann Afferbischer Schnäl.*

Volkersbrunn
Pannekichelsche

Waldaschaff
Brotsäck
Herrgottsdiebe
Der *Waloscheffer* Schultheiß Hussi versuchte 1811 das Posthalterkreuz abzubrechen. Das sollte auf dem neu angelegten Waldaschaffer Friedhof aufgebaut werden, weil man kein Geld für ein neues Kreuz hatte. Der Aufmerksamkeit der *Bessemischer* und *Streeser* sei es zu verdanken gewesen, dass der Diebstahl vereitelt wurde.

Weibersbrunn
Kråcke
So nennt sich hier bis heute die Karnevalsgesellschaft.

Wenighösbach
Jöcher
Mehrzahl von Joch. Der Spitzname soll ein Hinweis auf die geringe geistige Regsamkeit der Einwohner sein, weil Zugochsen im Doppeljoch den Kopf auch nicht regen können.

Wenigumstadt
Weanegge Nann
Im 30-jährigen Krieg war Wenigumstadt fast ausgestorben, wurde danach aber von wallonischen Einwanderern neu besiedelt, die als sehr temperamentvoll gelten. Noch heute feiern die Wenigumstädter bei jeder Gelegenheit ein Fest. Das brachte ihnen den Spottnamen *Nann*, also Narren ein. Ein Sprichwort belegt das Verrückte: *Gånns Weanegg iss öhn Na - vumm Kabällsche bis zum Pa!*

Auf hochdeutsch: Ganz Wenigumstadt ist ein Narr, vom Kapellchen am Ortseingang bis zum Pfarrer im Pfarrhaus.

Westerngrund
Zwiwwel
Der Name kommt entweder von der Zwiebelform des Kirchturms oder vom weit verbreiteten Zwiebelanbau im Ort. Vielleicht hat der Kirchturm seine passende Form auch wegen des Zwiebelanbaus erhalten.

Wiesen
Hasen
In Wald und Flur gab es viele Hasen. Manche sagen, die Wiesener hätten sich vermehrt wie die Hasen. Angesichts der Einwohnerzahl erscheint das aber eher abwegig.

Winzenhohl
Kerschezäiler

Autonummern.

Autonummern haben die Leute schon immer inspiriert, um aus den ein bis drei Buchstaben lustige und teils auch völlig absurde Abkürzungen herauszulesen. Unsere herzallerliebsten, motorisierten Freunde aus Offenbach oder Hessisch Uganda können ein Liedchen davon singen.

Nicht jeder Automobilist dürfte mit seiner Buchstabenkombination happy sein. Wer mit HU-ND oder HU-RE beschildert ist, fühlt sich bestimmt nicht wohl, wenn ihm an jeder Ampel der Mittelfinger gezeigt wird. HU-PE würde da weiterhelfen. Ein Grüner, der mit F-DP bedient wurde, braucht sich um Spott genauso wenig zu sorgen, wie ein Schwarzer aus Stuttgart, mit S-PD Nummer. Wobei, S-AU wäre noch schlimmer. Und bei A-FD hoffen viele Augsburger seit neuestem auf einen schnellen Schilderwechsel.

Berliner sind übrigens Bettnässer, Chemnitzer Chaoten, Düsseldorfer Deppen, Zwickauer Zombies. Hamburger haben ein Halbes Hirn, Fürther sind Frankens Übel und die Anonymen Alkoholiker kommen natürlich aus Aalen.

Über die Offenbacher und ihre sagenhaften Fahrkünste ist schon viel gelästert worden. Doch sie sind nicht die einzigen, die mit Wackeldackel und umhäkelter Klorolle herumgurken. Auch in anderen Landkreisen gibt es abenteuerliche Autofahrer, denen man, alle Offenbacher bitte mal kurz weghören, ein OF-0-815 Nummernschild verpassen sollte.

Völlig unbegründet ist das Lästern über die Offenbacher Lenkradakrobaten übrigens nicht. Die «Frankfurter Neue Presse» schrieb im September 2017:

«Böse Zungen behaupten, die Offenbacher seien schlechte Autofahrer. Durch die neueste Regionalstatistik des Gesamtverbandes der Deutschen Versicherungswirtschaft (GDV) hat sich das im Rhein-Main-Gebiet weit verbreitete Gerücht erhärtet. Die Berechnungen zeigen, dass Autofahrer aus Offenbach bundesweit die meisten Unfälle bauen. Das hat auch Auswirkungen auf ihren Beitrag zur KfZ-Haftpflicht-versicherung. Hier gelten in Hessen die höchsten Klassen in Wiesbaden und eben in Offenbach». Na bitte.

Übrigens ist auf Nummernschildern auch einiges gesetzlich verboten. STA-SI geht zwar trotz Wende noch durch. Aber Kennungen mit HJ, KZ, SS und SA dürfen von keiner Zulassungsstelle ausgegeben werden. Ebenso verboten sind Kombinationen mit der Zahl 18 oder 88. Die werden gerne von Neonazis als *Adolf Hitler* und *Heil Hitler* Code verwendet. A ist nämlich der erste und H der achte Buchstabe im Alphabet. Beispiele wären AH-18, HH-18, HJ-88. Auch die braun riechenden Buchstaben N-PD und N-SU werden zum Glück nicht ausgegeben. Wehret den Anfängen.

Doch bevor das allzu ernst wird, füge ich schnell noch was zum Schmunzeln ein: Bekanntlich darf man ja weder Negerkuss noch Zigeunerschnitzel sagen. Mohr oder Eskimo geht auch nicht mehr. Einverstanden. Spannend bleibt nun die Frage, wie lange die Fahrerlaubnis noch *Führerschein* heißen darf. Genauso wie *Fremdenführer.* Wetten, dass es auch bald geändert wird?

Zurück zur Kfz-Kennzeichnung. Für die gilt § 8, Absatz 1, der Fahrzeug-Zulassungs-Verordnung. Dort steht: «Die Zeichenkombination der Erkennungsnummer, sowie die Kombination aus Unterscheidungszeichen und Erkennungsnummer dürfen nicht gegen die guten Sitten verstoßen». Die 69er Nummer ist trotzdem extrem beliebt. Und auch S-EX wird immer wieder gern als Nummer genommen.

Hier folgen nun einige Autokennzeichen, die in unserer Region herumkurven. Flankiert von den bekanntesten und schrägsten Interpretationen und «Liebeserklärungen».

AB Aschaffenburg
Alles Bestens. Das glauben die *Aschebäjer.*
Alles Bekloppte. Das glauben die anderen.
Armes Bayern
Auf Brautschau

ALZ Alzenau
Alles Lumpe und Zigeuner
Alexanders legere Zukunft
Alex Leglers Zeugen

DA Darmstadt
Dämlicher Anfänger
Du Arsch
Dummer August

DI
Diese Idioten
Diese Irren

ERB Erbach im Odenwald
Erste Rate bezahlt

F Frankfurt
Farbenblind
Fahrlehrer
Follidiot

FB Friedberg
Führerschein beschlagnahmt

FD Fulda
Fahrer döst
Forscher Drängler

GG Groß Gerau
Große Gefahr

GN Gelnhausen
Gehts noch?
Geht nicht!
Gute Nacht

HAS Hassfurt
Hammel aus dem Steigerwald
Hirsch am Steuer
Hupen Anbrüllen Schimpfen

HG Bad Homburg
Hat Geld
Hat Glück
Heilischer Gott

HU Hanau
Halbstarke unterwegs
Hampelmänner unterwegs
Hessisch Uganda
Hilflos unterwegs

KG Bad Kissingen
Kein Gehirn
Karambolage gefällig

LDK Lahn-Dill-Kreis
Land der Könige

LOH Lohr
Land ohne Herz
Leben ohne Hoffnung
Leider ohne Hirn

MAR Marktheidenfeld
Männer am Rand
Muddi auf Reisen

MIL Miltenberg
Mit Idioten leben
Mit Intelligenz lenken. Das haben sich die Miltenberger aber
selbst ausgedacht.

MKK Mein-Kinzig-Kreis
Meistens keine Kohle
Mich kennt keiner
Mir kann keiner

MSP Main-Spessart-Kreis
Macht sie platt
Main Spastiker
Mami sucht Papi
Mein Schwein pfeift
Mit sieben Promille
Mondschein Pisser

MTK Main Taunus Kreis
Main Trottel Kreis
Main Taunus Kasper
Mein Tod komme
Mir traut keiner
Mülltonnen Kutscher

MZ Mainz
Miese Zicke

OBB Obernburg
Ohne besondere Begabung

OF Offenbach
Ohne Ferstand
Ohne Führerschein
Ost Frankfurt

SW Schweinfurt
Sauf weiter
Schlaf weiter

TBB Tauberbischofsheim
Taub Blöd Blind
Tausend blinde Bauern

WI Wiesbaden
Wahnsinnige Idioten
Wilde Irre

WÜ Würzburg
Wir üben
Weiter üben

Gallizismus.

Bei der intensiven Beschäftigung mit dem regionalen Dialekt und Wortschatz, ist mir noch etwas Eigentümliches aufgefallen, für das ich noch keine abschließend sichere Erklärung habe. Viele Redensarten sind hierzulande nämlich von der französischen Sprache durchdrungen, entsprechende Wörter sind also Gallizismen. Wo mag das nun wieder herkommen?

Liegt es vielleicht an den Hugenotten, die in früheren Zeiten auch im Rhein/Main Gebiet unterwegs waren? Zumindest finden wir in Geschichtsbüchern Hinweise, dass etliche Hugenottengruppen auch in die Gebiete rund um Hanau und in die Wetterau gezogen sind. In Hanau selbst finden wir ja heute noch die Calvinstraße, die Französische Allee und die Wallonisch-Niederländische, also ehemals Französische Kirche.

Oder kommt das Ganze von der weltberühmten Schlacht bei Dettingen? Oder von der sogenannten Franzosenzeit 1796 bis 1815? In einem der vielen regionalen Heimatbücher: «Kahl im Wandel der Jahrhunderte» steht immerhin folgendes:

«Im Juli 1800 hielten die Mainzer Truppen Kahl und Welzheim besetzt. Im Oktober folgten die Franzosen. Von Juni bis September 1807 lagen Franzosen und Spanier hier. Die französische Oberkommandantur war im Hofgut des Wirtes Adam Fleckenstein einquartiert. Und 1809 bis 1810 sind wieder Franzosen da». Das wäre zumindest eine Spur.

Zwischen Hanau und Miltenberg und bis hinein in den Spessart heißt es jedenfalls oft Bortmânee, Trottwa, Schandamm, Bagaasch und Schossee. Die nachfolgende Liste der Gallizismen macht deutlich, dass unsere Sprache eben nicht nur englisch, also anglizistisch durchdrungen ist.

Amüsieren statt Spaß haben
Animateur statt Unterhalter
Ästimieren statt wertschätzen
Atelier statt Künstlerwerkstatt
Bagage statt Gesellschaft und Sippschaft
Blamage statt Schande
Blessur statt Verletzung
Bouillon statt Fleischbrühe
Bredouille statt Schwierigkeiten
Chaffeur statt Fahrer
Chaiselongue oder Kanape statt Liege
Chaussee statt Straße
Cognac statt Weinbrand
Chose statt Angelegenheit oder Sache
Cousin und Kusine statt Vetter und Base
Desaster statt Unglück und Niedergang
Eau De Cologne statt Kölnisch Wasser
Echauffieren statt sich ereifern
Engagieren statt sich einsetzen
Etepetete statt geziert wählerisch
Etikett statt Schildchen
Filou statt Schlingel
Firlefanz statt Gaukelei
Fisimatenten statt Eigenarten
Fritteuse statt Ausbackgerät
Frotteetuch statt Abtrockentuch
Gage statt Lohn
Garderobe statt Kleiderauswahl
Gendarm statt Polizist
Gelee statt Brotaufstrich
Genieren statt schämen
Gourmet statt Feinschmecker
Grimasse statt Fratze
Haschee statt Hackfleischsoße
Hautevolee statt vornehme Gesellschaft

Illustrierte statt bebildertes Leseheft
Jalousie statt Rollvorhang
Kanaille statt Spinner
Karambolage statt Zusammenstoß
Kiosk statt Verkaufsbude
Koalition statt Zusammenschluss
Kommandant statt Anweiser
Kommode statt Schubladenschrank
Kontrolleur statt Überprüfer
Korselett statt Mieder
Krawatte statt Binder
Kuvert statt Briefumschlag
Leger statt locker
Malheur statt Problem oder Schaden
Marotte statt Eigenart
Montage statt Aufbau
Neglige statt Nachthemd
Omelette statt Eierpfannkuchen
Parfüm statt Duftstoff
Parkett statt Holzboden
Passepartout statt Bildrahmen
Patrouille statt Kontrollgang
Pinzette statt Greifspange
Pläsier statt Vergnügen
Plumeau statt Federbett
Pommes Frites statt gebackene Kartoffelstäbchen
Portemonnaie statt Geldbeutel
Portier statt Pförtner
Porträt statt Brustbild
Professionell statt fachmännisch
Rabatt statt Preisnachlass
Räson statt Vernunft
Redakteur statt Berichterstatter
Resümee statt Zusammenfassung
Roulade statt Fleischrolle

Sabotage statt Beschädigung und Zerstörung
Schikanieren statt böswillig quälen
Sekretärin statt Verwaltungsangestellte
Souvenir statt Mitbringsel
Service (mit kurzem i) statt Dienstleistung
Service (mit langem i) statt Tafelgeschirr
Tablett statt Platte
Tasse statt Trinkgefäß
Taxi statt Mietwagen
Toupe statt Haarteil
Tornee statt Konzertreise
Trikot und Trikotage statt Leibwäsche
Trottoir statt Gehsteig
Vignette statt Aufkleber
Visage statt Gesicht
Vis-á-vis statt gegenüber
Visite statt Arztbesuch
Vita Parcours statt Trimm-Dich-Weg
Zellophan statt Klarsichtpapier

Merci Cherie.

Danke.

Dass man immer schön Danke sagen muss, wurde uns von kindauf eingetrichtert. Kaum hatte die Frau Metzgerin den kleinen Schnibbel weiße Fleischwurst über die Theke gereicht, rief die *Mamma* schon: *Nō, wie seescht me do? Dááánke!*

Diese Artigkeit ist natürlich nur eine kleine Erinnerung und gewiss nicht der Grund für das große Dankeschön auf dieser Seite. Das kommt tatsächlich von ganzem Herzen. Denn auch für dieses Buch habe ich von vielen Seiten Zuarbeit, Unterstützung und Ermunterung bekommen.

Gerne erwähne ich alphabetisch sortiert Heinz Blitz, Andreas Bräutigam, Maria Detzner, Oskar Eich, Mario Fiedler, Herbert Fuchs, Julia und Karl Hock, Gertrud Hufgard, Gerald Junker, Julia und Lars Junker, Anton Kunkel, Armin Reusing, Michael Rosner, Gretel Will (†) und Fritz Will. Mit vielen weiteren habe ich kurz gesprochen oder telefoniert, um Details zu erfragen.

Bei meinen wortakrobatischen Recherchen konnte ich etliches im Internet klären, für die historischen Details manches auch über die Main-Echo Webseite. Hilfreich war zudem das «Kahlgrünner Wörterbuch» von Reinhold Hein, einige Ausgaben des Heimatjahrbuches «Unser Kahlgrund» und die «Ploimer Mundart- und Dorfgeschichten» von Suitbert Kroth. Mit Vergnügen habe ich auch noch einmal die Bücher von Norbert Meidhof gelesen. «Wer fliegen kann, der fliegt» und «Der große Prinz». Auch er ist ein genialer Akrobat unserer Mundart.

Meinem Schulfreund Norbert gilt sowieso ein ganz besonderer Dank für sein göttliches Vorwort, das mich mit einem Schlag in die humanistische 7A zurück gebeamt hat. Ich geb Dir einen Einser. Mit Stern.

Buchtipp
Ein Kahler der auszog um richtig essen zu lernen
von Alfons Kreuzer

Im amüsanten Plauderton führt uns Alfons Kreuzer in die weite Weltgeschichte, wo er für jeden Topf einen heiteren Deckel findet. Fast alles im Buch dreht sich um das gute Essen und Trinken. Angetan ist er von der bodenständigen Kochkunst seiner Mutter. Aber wir erfahren auch abenteuerliche Kuriositäten, die er an noblen Restauranttischen erlebt hat. Es beginnt in Kahl beim Weber, wo früher veritable Promis speisten und plötzlich ein Elefant im Hof trompetete. Vorbei an überkandidelten Sternetempeln, landen schließlich bei der singenden Emma von Saluzzo.
Sogar die Beatles erfahren ein Revival ihres Erleuchtungstrips zum indischen Guru. Dazu passt wiederum die Exkursion in die asiatisch inspirierte Küche. Überall, vor allem aber im Piemont, hat der Autor Lieblingsrezepte gesammelt, für dieses Buch noch einmal gekocht und selbst fotografiert. Mit Herzblut stellt uns Alfons Kreuzer auch seine Vision für ein ehrliches, gutbürgerliches Gasthaus vor und teilt seine Passion für eine nachhaltige und regional ausgerichtete Bio-Küche.

ALFONS KREUZER

EIN KAHLER
DER AUSZOG
UM RICHTIG
ESSEN ZU LERNEN

220 Seiten, Hardcover,
mit vielen, durchgehend
farbigen Abbildungen.
ISBN 978-3-00-051278-0 14,90 €
www.einkahlerderauszog.de

Überall im Buchhandel.
Oder einfach per E-Mail bestellen:
post@einkahlerderauszog.de